Eckard König/Stephan Weth

Juristen müssen reden – Gespräche erfolgreich führen

Eckard König/Stephan Weth

Juristen müssen reden – Gespräche erfolgreich führen

2. Auflage 2020

Verlag Alma Mater, Saarbrücken

Die Deutsche Nationalbibliothek verzeichnet diese Veröffentlichung in der Deutschen Nationalbibliographie. Die bibliographischen Daten im Detail finden Sie im Internet unter https://www.dnb.de/

ISBN 978-3-946851-47-9

Diedenhofer Str. 32, 66117 Saarbrücken

www.verlag-alma-mater.de

Vorwort

Gespräche führen gehört zum Tagesgeschäft. Als (Wirtschafts-) Jurist verdienen Sie Ihr Geld dadurch, dass Sie reden: Als Rechtsanwalt mit Ihren Mandanten, vor Gericht und bei Vertragsverhandlungen, als neuer Anwalt mit Ihrem Senior-Partner, als Mitglied der Rechtsabteilung in einem Unternehmen mit den Mitarbeitern anderer Fachabteilungen und der Geschäftsführung oder allgemein als Vorgesetzter mit Mitarbeitern. Sicher, Sie verfassen auch Gutachten und Stellungnahmen, aber ein entscheidender Bestandteil juristischer Arbeiten sind Gespräche.

Juristen sind es häufig gewohnt, die Aufmerksamkeit auf den Inhalt zu lenken: Wie ist die Rechtslage? Wieweit ist sie eindeutig? Welche Faktoren sind noch zu berücksichtigen? Lässt sich die Situation auch unter anderen juristischen Aspekten betrachten? Aber dabei verlieren wir leicht eins aus dem Auge: dass es nicht nur auf den „Inhalt“ ankommt, sondern auch auf die „Form“. Also auch darauf, wie Sie das, was Ihnen wichtig ist, vermitteln können, wie Sie eine Mandantin dazu bringen können, überhaupt erst einmal verständlich zu erzählen, worum es ihr geht, wie Sie eine festgefahrene Besprechung wieder nach vorne und wie Sie einen Konflikt zu einer überraschenden Lösung bringen können.

Dementsprechend berücksichtigen die Inhalte des rechtswissenschaftlichen Studiums – so sieht es das Deutsche Richtergesetz in § 5a Abs. 3 vor – die rechtsprechende, verwaltende und rechtsberatende Praxis einschließlich der hierfür erforderlichen Schlüsselqualifikationen. Zu diesen Schlüsselqualifikationen zählt die Gesprächsführung, insbesondere das Beratungsgespräch. Eben dafür möchte Ihnen dieses Buch Hinweise geben.

Das vorliegende Buch richtet sich zunächst an Studierende und Referendare und soll ihnen Hilfestellung geben, Beratungsgespräche richtig zu führen. Wir hoffen aber, dass auch der erfahrene Praktiker in dem Werk Anregungen und Tipps finden wird, die ihm in der praktischen Arbeit nützlich sind. Schließlich stellt sich für Ausbilder von Studenten, Referendaren und jungen Rechtsanwälten die Frage, wie die Schlüsselqualifikation „Beratungskompetenz“ vermittelt werden kann. Auch darüber will dieses Buch Auskunft geben.

Für Kritik und Anregungen sind wir dankbar.

Paderborn/Saarbrücken, März 2020

Eckard König Stephan Weth

Anschriften der Autoren:

Prof. Dr. Eckard König, Universität Paderborn, Arbeitsbereich Weiterbildung/Organisationsberatung, Warburger Str. 100, 33098 Paderborn; Tel. 05251 / 602942. E-Mail: eckard.koenig@uni-paderborn.de

Prof. Dr. Stephan Weth, Lehrstuhl für Deutsches und Europäisches Prozess- und Arbeitsrecht sowie Bürgerliches Recht, Universität des Saarlandes, Postfach 15 11 50, 66041 Saarbrücken; Tel. 0681 / 3022120. E-Mail: s.weth@mx.uni-saarland.de

Inhaltsverzeichnis

Kapitel 1: Erfolgreiche Gesprächsführung

Die Mandantin Ihres ersten Termins am Vormittag entpuppt sich als die 20-jährige flott gekleidete Susi Sausewind. Sie bitten diese höflich sich zu setzen und zu berichten, was sie herführt, als Susi Sausewind in Tränen ausbricht und zunächst überhaupt keinen klaren Satz formulieren kann. Dann bricht ein Schwall von Worten los. Susi Sausewind schüttet Ihnen Ihr Herz aus: Sie erfahren etwas davon, dass sie Sachbearbeiterin ist, ihr Chef ein fieser Kerl ist, sie gekündigt wurde, sie sich das nicht gefallen ließe, und das so etwas ohnehin eine himmelschreiende Ungerechtigkeit sei. Susi Sausewind hört überhaupt nicht auf zu reden.

Vermutlich kennen Sie solche Situationen: Mandanten, die keinen klaren Satz herausbringen und denen Sie jedes Wort herauskitzeln müssen – oder Mandanten, die ohne Punkt und Komma los reden und nicht mehr anzuhalten sind. Sicher kennen Sie auch Situationen, in denen von Anfang an der „Draht“ zum Gesprächspartner fehlt. Diskussionen, in denen endlos hin und her geredet wird und man schließlich gar nicht mehr weiß, worum es überhaupt geht. Besprechungen, die sich im Kreis drehen, in denen immer wieder dieselben Argumente wiederholt werden oder Gespräche, die ergebnislos enden und bei denen man beim nächsten Termin gleichsam von vorne beginnen muss. Gespräche mit Mitarbeitern (oder Vorgesetzten), in denen Sie das Gefühl haben, überhaupt nicht mit Ihrem Anliegen verstanden zu werden.

Solche Situationen lenken die Aufmerksamkeit auf das Thema Gesprächsführung: Was können Sie tun, um Kontakt zum Gesprächspartner aufzubauen? Wie können Sie einen Mandanten dazu bringen, dass er erzählt, was überhaupt passiert ist? Wie können Sie ein festgefahrenes Gespräch wieder vorwärtsbringen?

Im Grunde ist der Anfang ganz einfach: Sie selbst brauchen für Gespräche eine klare Struktur, an der Sie sich orientieren können. Eine solche Struktur möchten wir Ihnen in diesem Kapitel an die Hand geben. Sie können diese Struktur in Gesprächen aller Art nutzen: In Gesprächen mit Mandanten, aber auch in Auseinandersetzungen mit dem gegnerischen Anwalt, bei Verhandlungen, wenn es um die Erstellung von Verträgen geht, in Besprechungen, in Gesprächen mit eigenen Mitarbeitern oder den Vorgesetzten. Diese Struktur ist gleichsam der grundlegende Fahrplan, den Sie für konkrete Situationen dann nur noch anpassen müssen.

I. Die Grundstruktur von Gesprächen

Gespräche sind ein Mittel zur Problemlösung. Andererseits birgt die Gesprächsführung auch gerade die Gefahr, dass neue Probleme entstehen. Wir verfolgen mit der Gesprächsführung letztlich das Ziel, eine Problemlösung zu erreichen. Im Mandantengespräch geht es beispielsweise darum, Probleme bei Vertragsverhandlungen zu lösen oder ganz allgemein einen Konflikt zu überwinden.

Den nachfolgenden Ausführungen legen wir ein weites Begriffsverständnis von *Problemen* zugrunde. Im Alltag werden Probleme häufig als etwas Negatives gesehen, das man tunlichst vermeiden sollte. In der „Problemlösungspsychologie“ wird das

Problem als solches in einem weiteren Sinn verstanden: Ein Problem liegt immer vor, so formulierte in den dreißiger Jahren des 20. Jahrhunderts schon Ralf D. Duncker, „wenn ein Lebewesen ein Ziel hat und nicht ‚weiß', wie es dieses Ziel erreichen soll" (Duncker 1974, 1; ursprünglich 1935). Von diesem Begriffsverständnis ausgehend kann also auch der Abschluss eines „unkritischen" Vertrages oder die verständliche Vermittlung eines komplexen Sachverhalts als „Problem" bewertet werden.

Ein Problem ist danach durch folgende Merkmale gekennzeichnet:

- eine Ausgangssituation
- ein Ziel, das erreicht werden soll
- verschiedene Möglichkeiten führen zur Erreichung des Ziels
- es können konkrete Schritte zur Erreichung des Ziels formuliert werden

Schwierigkeiten bei der Lösung des Problems können auf den unterschiedlichen Ebenen liegen:

- das Ziel kann unklar sein: Man weiß nicht, was erreicht werden soll
- die Ausgangssituation kann unklar sein
- es besteht Unklarheit über die Möglichkeiten und Wege zur Erreichung des Ziels
- es besteht Unklarheit über die nächsten zu gehenden Schritte.

Schließlich ergibt sich daraus eine bestimmte Struktur des Problemlösungsprozesses:

- Bestimmung des Ziels: Was soll erreicht werden?
- Klärung der Ausgangssituation: Was sind die Ausgangsbedingungen? Was ist schon an Vorarbeit geleistet? Was sind die rechtlichen Rahmenbedingungen? Welche unterschiedlichen juristischen Auslegungen können hier zum Tragen kommen? Wo genau liegen die Probleme?
- Welche Möglichkeiten führen zur Erreichung des Ziels: Welche Möglichkeiten sind realistisch und erfolgsversprechend? Was sind jeweils Vor- und Nachteile?
- Schließlich ist ein konkreter Plan zu entwickeln und durchzuführen: Was sind die nächsten Schritte?

Wenn Gespräche letztlich dazu dienen, Probleme zu lösen (wie gesagt, wir verwenden hier den Problemlösungsbegriff in einem sehr weiten Sinn), dann ergibt sich daraus für Gespräche eine Grundstruktur von vier Phasen:

- **Orientierungsphase**: Hier geht es zunächst darum geht, Kontakt zum Gesprächspartner aufzubauen – in obigem Beispiel: Susi Sausewind dazu zu bringen, überhaupt erst einmal zusammenhängend von ihrem Problem zu erzählen. Im Anschluss daran sind Thema und Ziel des Gesprächs sowie Rahmenbedingungen festzulegen: Worum geht es? Was soll Ergebnis des Gesprächs sein? Welcher Zeitrahmen steht zur Verfügung und welche weiteren Rahmenbedingungen sind möglicherweise zu beachten?

- **Klärungsphase**: Hier geht es um die Klärung der Situation, d.h. zum einen, herauszuarbeiten wo das Problem liegt und was die Hintergründe des Problems sind, zum anderen, wie die Rechtslage ist: Wieweit ist sie eindeutig? Welche Faktoren sind noch zu berücksichtigen? Lässt sich die Situation auch unter anderen juristischen Aspekten betrachten?
- **Lösungsphase**: Hier sind mögliche Teilziele zur Lösung des Problems zu bestimmen, verschiedene Lösungsmöglichkeiten zu sammeln und zu bewerten.
- **Abschlussphase**: Was ist das Ergebnis? Was sind die nächsten Schritte?

Diese Grundstruktur können Sie auf jedes Gespräch anwenden. Bezogen auf unser Beispiel mit Susi Sausewind bedeutet das:

- In der Orientierungsphase geht es zunächst darum, zu Susi Sausewind Kontakt aufzubauen: Es ist zu erreichen, dass die Tränen versiegen, dass sie Vertrauen gewinnt und überhaupt in der Lage ist, zusammenhängend zu berichten. Damit deutet sich das Thema an: ihre Kündigung; das Ziel wird vermutlich noch unscharf bleiben: Sie will Unterstützung.
- In der Klärungsphase geht es darum, die Situation zu klären: Susi Sausewind wird aus ihrer Sicht die Situation darzustellen, anschließend ist die Situation aus verschiedenen juristischen Aspekten zu beleuchten,
- In der Abschlussphase geht es darum, ein Ergebnis zu formulieren: Was macht Susi Sausewind mit den verschiedenen möglichen Vorgehensweisen? Was nimmt sie als Ergebnis? Welche nächsten Schritte ergeben sich daraus?

Entsprechend können Sie diese Grundstruktur auf alle anderen Gespräche übertragen: Wenn es um einen komplizierten Vertragsentwurf geht, dann ist zunächst das Ziel zu klären, es sind die strittigen Punkte zu identifizieren, und es ist (in der Regel in mehreren Runden) die Situation zu klären; es sind jeweils verschiedene Möglichkeiten zu überlegen und gegeneinander abzuwägen. Und schließlich muss der Prozess auch zu einem Ergebnis kommen: Was ist erreicht? Was sind die nächsten Schritte? Das Gleiche gilt aber auch für ein Konfliktgespräch, eine Moderation, eine Mediation: Stets ist das Ziel festzulegen, die Situation zu klären, es sind Lösungen zu entwickeln, und das Gespräch muss mit einem konkreten Ergebnis abschließen. Daraus ergibt sich eine erste Grundregel:

Versuchen Sie, so weit als möglich das Gespräch zu strukturieren!

Das ist leichter möglich, wenn Sie selbst die Steuerung des Gesprächs in der Hand haben: Im Gespräch mit Susi Sausewind können Sie selbst steuern, Sie können ihr Zeit geben, sich zu beruhigen, können ihr vielleicht ein Taschentuch reichen, können mit ihr an der Klärung des Ziels arbeiten, sie dabei unterstützen, die Situation zu schildern, können aus Ihrer Sicht die rechtliche Situation darstellen, mit ihr verschiedene Möglichkeiten durchgehen. Auch dann, wenn Sie in einer Besprechung die Leitung (oder die Moderation) haben, können Sie das Gespräch steuern; Sie können einen Vortrag selbst strukturieren (auch dafür hilft Ihnen obige Grundstruktur) oder das Gespräch mit einem Mitarbeiter entsprechend strukturieren.

Diese Strukturierung wird aber umso schwieriger, je weniger Sie selbst die Steuerung in der Hand haben. Als Anwalt in einem Unternehmen können Sie schwerlich die Lenkung des Gesprächs mit einem Vorstand in die Hand nehmen (erfahrungsgemäß wird Ihr Gegenüber hier steuern); als jüngere Mitarbeiterin können Sie schlecht das Gespräch mit einem Senior-Partner steuern oder als Student das Gespräch mit Ihrem Professor. Aber trotzdem gilt auch hier: Nehmen Sie die hier dargestellte Grundstruktur als Orientierung und versuchen Sie, an den passenden Stellen immer darauf hinzuführen. Sie können durchaus auch als jüngerer Kollege das Gespräch damit beginnen, dass sie sagen, was aus Ihrer Sicht das Ziel ist – und Sie können Ihren Gesprächspartner nach seinem Ziel fragen (das geht auch mit Vorständen). Sie können Ihre Sichtweise einbringen oder den Gesprächspartner nach seiner Sicht fragen, Sie können verschiedene Lösungen entwickeln und Sie können versuchen, das Ergebnis zusammen zu fassen. Sicher, es kommt auf die jeweilige Situation an, wie stringent Sie die Struktur durchhalten können – aber auf jeden Fall gibt es Ihnen Orientierung.

Wir möchten diesen Abschnitt (und auch die folgenden) mit einer Zusammenfassung und Anregungen zur Weiterarbeit abschließen. Hier zunächst nochmals als Checkliste die Grundstruktur von Gesprächen:

Orientierungsphase	– Kontakt zum Gesprächspartner aufbauen – Was ist Thema? – Was ist das Ziel des Gesprächs? Was soll am Schluss als Ergebnis erreicht werden? – Welche Rahmenbedingungen sind zu beachten?
Klärungsphase	– Wie ist die Situation? – Wo genau liegen die Probleme? – Wie ist die rechtliche Lage?
Lösungsphase	– Was sind einzelne Teilziele? – Was sind die Möglichkeiten? – Was sind jeweils Vor- und Nachteile?
Abschlussphase	– Was ist das Ergebnis? – Was sind die nächsten Schritte?

Anregung zur Weiterarbeit

- Versuchen Sie, in Gesprächen, an denen Sie teilnehmen, auf die Struktur zu achten: Wie weit werden die einzelnen Phasen eingehalten? Wo würden Sie anders vorgehen?
- Versuchen Sie, diese Grundstruktur in eigenen Gesprächen zu beachten. Um diese Grundstruktur dann weiter auszufüllen, finden Sie in den weiteren Abschnitten zusätzliche Hinweise.

II. Die Vorbereitung des Gesprächs

Eine gute Vorbereitung ist häufig Voraussetzung für den Erfolg. Die Vorbereitung des Gesprächs beschränkt sich jedoch häufig darauf, die entsprechenden Unterlagen (Akten) zu lesen. Eine solche inhaltliche Vorbereitung ist in vielen Fällen hilfreich, wenn nicht sogar notwendig. Aber es ist nur ein Teil der Vorbereitung, und sie wäre, wenn es die einzige Form der Vorbereitung wäre, einseitig auf den Inhalt ausgerichtet. Der Erfolg des Gesprächs hängt nicht nur vom Inhalt und den Argumenten ab (keineswegs immer setzt sich das bessere Argument durch), sondern zumindest ebenso von den Menschen: von Ihrem Gegenüber und von Ihnen als Person. Vorbereitung auf ein Gespräch heißt somit mehr: Nicht nur Vorbereitung des Inhalts, sondern darüber hinaus Vorbereitung in Bezug auf den Gesprächspartner, Vorbereitung des Umfelds, und nicht zuletzt, sich selbst innerlich auf das Gespräch einstellen.

1. Die inhaltliche Vorbereitung

Wie weit muss oder sollte ich mich auf den Inhalt vorbereiten? Die Antwort auf diese Frage lenkt die Aufmerksamkeit auf die Vielgestaltigkeit der Gespräche. Sie reicht vom Erstgespräch mit einem neuen Mandanten bis zum wiederholten Termin mit einem Stammmandanten. Beim letzteren wird der Anwalt – gerade, wenn er den Mandanten und seine Verhältnisse gut kennt – sich natürlich durch Aktenlektüre auf das Gespräch vorbereiten. Selbst wenn der Mandant seinen Anwalt mit einer neuen Angelegenheit betraut, wird es häufig sinnvoll sein, den Mandanten vor dem Gespräch um Unterlagen zu bitten und mit diesen den Termin vorzubereiten. In einem ersten Gespräch kann aber die inhaltliche Vorbereitung die Aufmerksamkeit von der Person des Gegenübers ablenken. Hier kann es sinnvoller sein, erst ein Gespräch zu führen, um das Problem des Mandanten zu ermitteln, ehe man sich in Unterlagen vertieft. Oder Sie bitten Ihren Gesprächspartner, die Unterlagen mitzubringen und sie zu erläutern – nicht selten werden Sie hier Überraschungen erleben, wenn Sie die mündliche Darstellung des Mandanten mit der Aktenlage vergleichen.

Auch wie gründlich und umfangreich Sie die Unterlagen durchgehen, hängt von der Art des Gesprächs ab. In einer diffizilen Vertragsverhandlung kommt es darauf an, auch die Feinheiten des Vertragsentwurfs zu erfassen – dafür benötigen Sie Zeit und Konzentration. Bei einem neuen Mandanten reicht häufig ein erster Blick in die Unterlagen, um ein erstes Gefühl zu bekommen. Hier kann Sie ein Zuviel nicht nur in eine falsche Richtung lenken, es kann auch die Aufmerksamkeit zu stark von Ihrem Gegenüber ablenken.

Inhaltliche Vorbereitung ist aber mehr als das bloße Durchlesen der Akten. Sondern inhaltliche Vorbereitung bedeutet auch, sich eine Gesprächsstruktur zu machen:

- Was ist Ihr Ziel für dieses Gespräch? Was möchten Sie als Ergebnis erreichen? Was aber auch möchten Sie vermeiden?
- Wie strukturieren Sie das Gespräch? Hier können Sie die Grundstruktur, die wir im vorigen Abschnitt dargestellt haben, übernehmen: Orientierung – Klärung – Lösungen sammeln und bewerten – Ergebnis festmachen

- Was sind mögliche Argumente für die einzelnen Phasen? Was sind die kritischen Punkte in einem Vertragsentwurf? Welche juristischen Aspekte kommen hier zum Tragen?
- Was wären verschiedene mögliche Lösungen für das Problem des Klienten? Was sind aus Ihrer Sicht jeweils Vor- und Nachteile?

2. Die Vorbereitung in Bezug auf den Gesprächspartner

Wer ist das, der Ihnen als Mandant oder als gegnerischer Anwalt oder Gesprächspartner bei der Diskussion eines Vertragsentwurfs gegenübersitzt? Wie tickt er? Worauf muss ich aufpassen? Wo kann ich ansetzen?

All das sind Fragen, deren Beantwortung für den Erfolg eines Gesprächs oft entscheidender ist als die inhaltliche Vorbereitung. Wenn Sie wissen, wie Ihr Gegenüber tickt, wissen Sie auch, wo mögliche „Fettnäpfchen" im Gespräch bestehen und wissen besser, wie Sie sich ihrem Gesprächspartner gegenüber zu verhalten haben.

Ein Verfahren, das Ihnen dabei helfen kann, ist die „Stakeholderanalyse". Das Verfahren ist ursprünglich Teil der Strategieentwicklung (vgl. Kerth/Asum/Stich 2015; König/Volmer 2020). Stakeholder sind dabei diejenigen Personen oder Personengruppen, von denen der Erfolg einer Organisation (der Erfolg der Strategie) maßgeblich abhängt. Sie können aber das Vorgehen auch auf Gespräche übertragen und haben damit eine gute Möglichkeit der Vorbereitung. Die Stakeholderanalyse besteht im Wesentlichen aus folgenden Fragen:

- **Wer sind die Stakeholder für dieses Gespräch, d.h. die Personen, von denen der Erfolg abhängt**: Das sind zweifelsohne zunächst die jeweiligen Gesprächspartner, also in unserem Eingangsbeispiel Susi Sausewind. Das können darüber hinaus aber auch noch andere Personen sein: der Partner von Susi Sausewind, der überhaupt nicht an der Beratung teilnimmt, aber sehr wohl dabei Interessen verfolgt; die Vorgesetzte Ihres Gegenübers bei einer Vertragsverhandlung, die den Verhandlungsspielraum Ihres Gegenübers festlegt; der bisherige Ehepartner in einem Scheidungsverfahren
- **Was sind die Ziele des jeweiligen Stakeholders**: Das Handeln von Menschen wird entscheidend von Ihren Zielen beeinflusst. Je nachdem, ob Susi Sausewind das Ziel verfolgt, ihre Stelle zu behalten, ob sie eine möglichst gute Abfindung „rausholen" möchte (weil sie ohnehin auf dem Absprung ist) oder ob sie sich von ihrem Freund nicht sagen lassen möchte, dass sie nichts getan hat, wird sie sich anders verhalten. Und das hat letztlich Konsequenzen für Ihre Gesprächsstrategie. Übrigens, das Beispiel von Susi Sausewind macht deutlich: Entscheidend sind nicht allein die inhaltlichen Ziele, sondern in vielen Fällen auch persönliche Ziele: das Gesicht nicht zu verlieren, Konflikte zu vermeiden...
- **Was sind typische Verhaltensweisen des jeweiligen Stakeholders**: Susi Sausewind fängt an zu weinen, wenn sie nicht mehr weiterweiß; ein anderer

Gesprächspartner beißt sich an Details fest oder wird aggressiv, wenn er sich angegriffen fühlt.

- **Welche möglichen Handlungskonsequenzen ergeben sich daraus für Sie**: Bezogen auf Susi Sausewind kann eine mögliche Konsequenz sein, auch ihren Partner mit einzubeziehen (obwohl er mit dem Fall im Grunde nichts zu tun hat). Oder Sie müssen darauf achten, dass der andere nicht das Gesicht verliert…

Bewährt hat es sich, die Stakeholderanalyse in Form einer Tabelle darzustellen, die etwa folgendermaßen ausschauen könnte:

Stakeholder	Inhaltliche und persönliche Ziele des Stakeholders	Typisches Verhalten	Konsequenzen für das eigene Vorgehen
Susi Sausewind	Will ihre Stelle behalten, will sich von ihrem Partner nicht nachsagen lassen, dass sie sich nicht wehrt	Fängt an zu weinen, wenn sie nicht mehr weiterweiß Wenn sie etwas darstellt, redet sie ohne Punkt und Komma und kommt von einem Punkt auf den anderen	sie weinen lassen, sich davon aber nicht unter Druck setzen lassen Ihr eine klare Gesprächsstruktur vorgeben Mit ihr Unterlagen durchgehen
Isidor Schlampig Lebenspartner von Susi Sausewind	Will als der große Macher gelten, der sich nichts sagen lässt	Redet große Töne, wird aber friedlich, wenn man ihn einbindet und ihm das Gefühl gibt, wichtig zu sein	Ihn mit in ein Gespräch einbinden

Das Beispiel macht deutlich, dass die Stakeholderanalyse Informationen über die betreffende Person voraussetzt. Das heißt, Sie werden eine Stakeholderanalyse schwerlich durchführen können, wenn ein neuer Mandant, eine neue Mandantin zum ersten Mal zu Ihnen kommt. Aber sie wird zunehmend hilfreich zum Beispiel in längeren Vertragsverhandlungen. Nehmen Sie sich dann die Zeit, Ihre Stakeholder durchzugehen und am besten die Stakeholderanalyse schriftlich (zum Beispiel in einer Excel-Tabelle) durchzuführen. Es lohnt sich!

3. Die Vorbereitung des Umfelds

Ein Anwalt, der hinter einem gewichtigen Schreibtisch sitzt, vom Telefon immer wieder unterbrochen wird, kann sich nicht auf den Mandanten einstellen, das Gespräch wird nicht richtig in Gang kommen. Auch das gehört zur Vorbereitung: überlegen, wo das Gespräch geführt wird, Störungen vermeiden, das jeweilige Material vorbereiten. Hierfür folgende Checkliste:

- Wählen Sie einen Raum (Besprechungszimmer), wo Sie möglichst ungestört sind
- Vermeiden Sie Störungen: z.B. Telefon umschalten, der Sekretärin Bescheid sagen
- Führen Sie nach Möglichkeit das Gespräch nicht am Schreibtisch, sondern an einem eigenen Besprechungstisch führen – „vor dem Schreibtisch zu sitzen" weckt für zahlreiche Personen negative Assoziationen („ich muss zum Chef") und fördert damit häufig nicht den Kontakt.
- Überlegen Sie: welche Geräte benötige ich: Brauche ich einen Beamer, häufig ist auch Flipchart oder Whiteboard hilfreich (hier lässt sich schnell etwas visualisieren)
- Welche Unterlagen müssen vorbereitet sein: die eigenen Unterlagen, möglicherweise auch Tischvorlagen für die übrigen Teilnehmer
- Sorgen Sie ggf. für Mineralwasser oder Kaffee.

So sehr dies einleuchten mag, so sehr ist der Alltag der Feind der Umsetzung. Achten Sie auf sich selbst: Wie häufig passiert es Ihnen, dass Sie durch das Telefon in einem Gespräch gestört werden oder dass zwischendurch erst zusätzliche Unterlagen gesucht werden müssen? Das alles kostet Zeit und Konzentration. Achten darauf, dass sich solche Störfaktoren nicht einschleichen.

4. Die eigene „innere Vorbereitung"

Sicher kennen Sie solche Situationen: Sie hetzen von einem Termin zum anderen, werden auf dem Weg noch aufgehalten. Sie sitzen noch nicht richtig, schon werden Sie etwas gefragt oder müssen etwas darstellen. Meistens klappt es in diesen Situationen nicht: Man ist gehetzt, wird unkonzentriert und es gelingt nicht, das Thema auf den Punkt zu bringen, das Ergebnis wird schlechter – und in der Regel kostet es zusätzliche Zeit.

Dabei ist die Lösung im Grunde ganz einfach: Sich auf ein Gespräch vorzubereiten, bedeutet auch, sich innerlich darauf einzustellen, sich auf das Gespräch zu konzentrieren. Nur dann sind Sie ganz bei der Sache. Hierfür wieder einige Hinweise:

- Nehmen Sie sich vor jedem Gespräch einige Minuten „Auszeit", um sich darauf einzustellen. Oft genügen wenige Minuten.
- Blenden Sie in diesen Minuten alle anderen Störungen aus und konzentrieren Sie sich auf sich selbst und das Gespräch
- Überlegen Sie sich, was Ihr Ziel für dieses Gespräch ist: Was möchten Sie erreichen? Was möchten Sie vermeiden?
- Blättern Sie im Blick darauf ggf. nochmals Ihre Unterlagen durch
- Machen Sie sich einen Fahrplan: Wie werden Sie einsteigen? Wie strukturieren Sie das Gespräch?
- Vielleicht machen Sie sich ein paar Notizen.

III. Die Orientierungsphase im Gespräch

„Sage mir, wie das Gespräch beginnt – und ich sage dir, wie es aufhört". Vielleicht kennen Sie das aus eigener Erfahrung: Es gibt Gespräche, die laufen von Anfang an schief. Da fehlt der „Draht" zum Gesprächspartner, man weiß nicht, worum es geht – und das Gespräch verfängt sich. Oder man merkt von Anfang an, worum es geht, der Draht ist da, das Gespräch verläuft erfolgreich.

Die ersten Minuten stellen gleichsam die Weichen für das folgende Gespräch. Im Einzelnen sind dabei vier Aufgaben zu erfüllen. Kontakt zum Gesprächspartner aufbauen, das Thema finden, das Ziel des Gesprächs festlegen und Rahmenbedingungen (zum Beispiel den Zeitrahmen) abklären.

1. Kontakt zum Gesprächspartner aufbauen

In den ersten Sekunden und Minuten nimmt jeder vom Gesprächspartner eine Fülle von Eindrücken auf: Wie er sitzt, wie er sich gibt, wie er spricht usw. Diese Eindrücke werden dann zu einem Gesamtbild verarbeitet: Der Gesprächspartner ist sympathisch oder unsympathisch, man baut zu ihm Vertrauen auf oder nicht. In der Regel verläuft dieser Prozess unbewusst. Aber versuchen Sie, in eigenen Gesprächen darauf zu achten, welche Faktoren hier eine Rolle spielen. Im Folgenden haben wir wichtige Verhaltensweisen aufgelistet:

Für den Kontakt hinderlich	Für den Kontakt förderlich
Kein Interesse am Gesprächspartner	Interesse am Gesprächspartner
Blick wendet sich ab, fixiert andere Punkte im Raum	Häufiger Blickkontakt

Unterbrechungen (z.B. durch Telefon, Sekretärin usw.)	Ungestörte Gesprächssituation
Gesprächspartner sitzt vor dem Schreibtisch	Gespräch an einem Besprechungstisch
Zuwendung zu anderen Sachen (z.B. nebenher wird eine Unterschriftenmappe durchgearbeitet)	Konzentration auf den Gesprächspartner
Gesprächspartner sitzen einander frontal gegenüber	Schräge Sitzposition
Sehr unterschiedliche Körperhaltung (z.B. ein Gesprächspartner deutlich vorgebeugt, der andere deutlich zurückgelehnt)	„Ähnliche" Körperhaltung
Zu geringer oder zu weiter Abstand	„Passender Abstand"
Kritische Fragen, Abwertung	„Hm", interessierte Fragen

Alles das sind Faktoren, die den Kontakt beeinflussen:

- **Die eigene Einstellung**: Das ist im Grunde der entscheidende Faktor. Interesse am Thema und der Person des Gegenübers führt gleichsam von selbst dazu, dass Kontakt entsteht. Unser Verhalten wird zu einem entscheidenden Teil von unserer Einstellung geprägt. Das erste ist also, sich der eigenen Einstellung bewusst zu werden: Das Gegenüber ist mir als Gesprächspartner wichtig!
- **Die räumliche Umgebung**: Wir hatten bereits in dem Abschnitt über die Vorbereitung darauf hingewiesen. Die räumliche Umgebung wird vom Gesprächspartner gedeutet: „Sie sind mir wichtig", oder „etwas anderes (zum Beispiel ein Telefonat) ist mir wichtiger"
- **Der Sitzplatz**: Das ist ein Thema, an das man normalerweise überhaupt nicht denkt. Es gibt Situationen, in denen man in einer Besprechung am Rand sitzt und überhaupt nicht zum Zug kommt. Das hat etwas mit dem Sitzplatz zu tun: Wenn man am Rand sitzt, hat man häufig Schwierigkeiten, erfolgreich zu agieren. Entsprechend wählen Leiter oder Vorgesetzte (meist unbewusst) eine Position in der Mitte oder am Kopf des Tisches. Oder zwei Gegner sitzen in möglichst weiter Distanz voneinander direkt gegenüber.
- **Räumliche Nähe bzw. Abstand zum Gesprächspartner**: Sie können das leicht selbst ausprobieren, indem Sie den Abstand zu einem Gesprächspartner verändern und dann auf ihr Gefühl achten. Es gibt in jeder Gesprächssituation eine passende Distanz. Wenn man den räumlichen Abstand vergrößert, vergrößert sich die Distanz. Oder man rückt dem anderen zu sehr auf die Pelle.

- **Die Position des Körpers**: Auch das bestimmt die Beziehung: Bin ich dem Gesprächspartner zugewandt? Sitze ich direkt gegenüber? Bin ich ihm eher abgewandt und schaue zum Fenster hinaus, was den Eindruck erweckt, als interessiere mich das gar nicht? Bin ich vorgebeugt? Zurückgelehnt?
- **Der Blickkontakt**: Starre ich den Gesprächspartner an – oder geht der Blick suchend über die Zimmerwände, ohne dass ich den Gesprächspartner wahrnehme?
- **Die Körperhaltung**: Vielleicht ist Ihnen das auch schon einmal aufgefallen: Personen, die einen guten Kontakt haben, zeigen häufig eine ähnliche Körperhaltung. Man kann das oft im Biergarten oder an der Theke beobachten: Beide haben die Arme aufgestützt, den Oberkörper vorgebeugt. Auch das Gegenteil ist zu beobachten: Ein Gesprächspartner beugt sich immer mehr vor, der andere weicht mit dem Oberkörper immer mehr zurück. Hier ist der Kontakt verloren gegangen.

Im Rahmen von Untersuchungen zur Körpersprache sind diese Beobachtungen bestätigt: Guter Kontakt wird oft auch körpersprachlich durch eine ähnliche Körperhaltung ausgedrückt. Im Neurolinguistischen Programmieren spricht man hier von „Pacing" (Spiegeln), sich dem anderen in der Körperhaltung, in der Wortwahl, im Sprachtempo anzugleichen. Es bedeutet sicher nicht, die Körperhaltung des anderen möglichst genau zu kopieren. Es bedeutet auch nicht, irgendwelche Körperhaltungen gleichsam technisch trainieren. Sondern es bedeutet, in dieser Phase bewusst auf die eigene Körperhaltung achten.

Vielleicht kennen Sie solche Situationen aus eigener Erfahrung: Ihr Gesprächspartner beschäftigt sich nebenher mit etwas anderem, das Telefon klingelt, die Sekretärin kommt herein, um etwas mitzuteilen, Ihr Gesprächspartner wendet sich ab. Hier fehlt der Kontakt. Vermutlich haben Sie dann auch am eigenen Leib die Auswirkungen von einem solchen fehlenden Kontakt erlebt – bzw. entsprechend die Auswirkungen von gutem Kontakt. Vergleichen Sie das mit der folgenden Liste:

Auswirkungen von fehlendem Kontakt:	**Auswirkungen von gutem Kontakt zwischen den Gesprächspartnern**
Verunsicherung und Orientierungslosigkeit: Was ist hier los?	Sicherheit im Gespräch
Der Gesprächspartner versucht besonders intensiv, das Gespräch in Gang zu bringen	Offenheit und Lockerheit im Gespräch
Das Gespräch wird stockend	Flüssiges Gespräch
Dem Gesprächspartner fällt nichts mehr ein	Der Gesprächspartner wird zunehmend sicherer
Der Gesprächspartner fühlt sich unsicher	Entspannte, positive Atmosphäre

Abbruch des Gesprächs	
Möglicherweise Ärger, Aggressivität „Wenn Sie das nicht interessiert, brauche ich ja nicht weiter zu erzählen!“	

Haben Sie solche Situationen erlebt: Wenn Sie das Gefühl haben, in einem Gespräch oder in einer Besprechung „nicht richtig in Form zu sein“, dann muss das nicht unbedingt daran liegen, dass Sie inhaltlich in dem Thema nicht fit sind. Es kann daran liegen, dass der Kontakt zum Gesprächspartner fehlt. Möglicherweise haben Sie sich zu stark auf den Inhalt konzentriert und sich nicht die Zeit genommen, zu Beginn des Gesprächs auf den Kontakt zu achten. Dann müssen Sie die Erfahrung machen, dass Sie mit dem, was Sie sagen, bei Ihrem Gegenüber nicht „ankommen“. Möglicherweise haben Sie aber auch einen Gesprächspartner, der bei Ihren Äußerungen immer wieder kritisch die Stirn runzelt, sich nebenher mit seinem Nachbarn unterhält, in seinen Unterlagen blättert: Es wird wirken. Und Sie wundern sich anschließend, warum Ihnen nicht die richtigen Argumente eingefallen sind. Das hat dann nichts mit Ihren Argumenten oder Ihrer Intelligenz zu tun, sondern es ist Ergebnis des fehlenden Kontakts. Übrigens: Das gleiche gilt zum Beispiel auch für Prüfungssituationen: Sie waren optimal vorbereitet, aber es ist Ihnen nicht gelungen, den Inhalt klar rüberzubringen. Das kann durchaus an Ihrem Gegenüber liegen, das – häufig ohne böse Absicht – nicht auf den Kontakt achtet und nicht weiß, dass es Ihnen allein dadurch die Prüfungssituation schwerer macht. Positiv gewendet:

- **Wählen Sie den für Sie passenden Sitzplatz**: Wenn Sie zu zweit sind, ist es günstig, die Stühle etwa in einer 90° Position anzuordnen. Dann ist der Kontakt enger, als wenn man sich frontal gegenübersitzt. Im Gespräch mit mehreren darauf achten, dass Sie alle im Blick haben. Manchmal ist es auch hilfreich, den eigenen Platz zu markieren, indem Sie Unterlagen vor sich auf den Tisch legen.
- **Nehmen Sie sich einige Sekunden Zeit, Ihre Sitzposition und Ihre Körperhaltung auszutarieren**: Seien Sie dabei sensibel für Ihren Gesprächspartner und achten Sie zugleich auf Ihr eigenes Gefühl: Wie sitzt mein Gesprächspartner? Ist er vorgebeugt oder zurückgelehnt? Stimmt die Distanz – oder rücke ich ihm möglicherweise zu sehr auf die Pelle oder geht der Kontakt verloren? Sollte ich die Distanz vergrößern oder verringern? Sollte ich die Richtung etwas verändern (mich zum Beispiel etwas schräger hinsetzen)? Ist meine Körperhaltung angemessen (oder bin ich möglicherweise zu weit zurückgelehnt oder zu drängend)?
- **Nehmen Sie sich ggf. etwas Zeit für „Smalltalk“.** Oft tun sich Mandanten schwer, gleich zum Thema zu kommen und brauchen etwas Zeit zum Aufwärmen. Hier kann etwas „Smalltalk“ (über die Herfahrt, über Ereignisse der letzten Woche, den Beruf Ihres Gesprächspartners usw.) hilfreich sein. Dabei kommt es weniger auf den Inhalt an als darauf, dass beide Gesprächspartner etwas Zeit haben, Eindrücke von dem anderen auf sich wirken zu

lassen und sich aufeinander einzustellen. Aber Vorsicht: Wenn jemand ein drängendes Problem hat, kann Smalltalk unangemessen sein.

- **Versuchen Sie, in Besprechungen mit mehreren Personen zu möglichst allen Kontakt aufzunehmen.** Hier ist das Ganze schwieriger. Versuchen Sie, Ihre Position auszutarieren: keinen direkt konfrontieren, vielleicht so etwas wie eine Mittelposition wählen (was auch möglich ist, wenn Sie am Rand sitzen), auf die Körperhaltung der anderen und das eigene Gefühl achten. Lassen Sie den Blick schweifen und versuchen Sie, Blickkontakt aufzunehmen.
- **Machen Sie sich bewusst, wenn ein anderer Gesprächspartner den Kontakt zu Ihnen abbricht, indem er zum Beispiel immer wieder die Stirn runzelt, in seinen Unterlagen blättert, irgendwohin in die Gegend blickt**: Derartige Situationen sind gerade dann, wenn Sie in solchen Gesprächen noch nicht viel Erfahrung haben, nicht leicht zu bewältigen. Versuchen Sie es mit folgenden Vorgehensweisen: den betreffenden Gesprächspartner ausblenden (sich auf die eigenen Unterlagen konzentrieren; Blickkontakt zu anderen, positiveren Teilnehmern suchen), vielleicht die Störungen ansprechen („ich warte, bis Sie fertig sind“), möglicherweise auch direkt die eigene Empfindung ansprechen („mich irritiert, wenn Sie in Ihren Unterlagen suchen“) – möglicherweise kann das aber auch Thema für ein eigenes Einzelgespräch (unabhängig von dieser Situation) sein, in dem Sie die Beziehung zueinander klären.

Der Aufbau des Kontaktes ist ein hoch komplexer Prozess, der zu einem wesentlichen Teil in den ersten Sekunden und Minuten des Gesprächs abläuft. Dieser Prozess verläuft zum großen Teil unbewusst. Deshalb kann man auch keine „Technik des Kontaktaufbaus“ entwickeln. Es ist wenig hilfreich, die Beine bewusst übereinander zu schlagen, nur weil Ihr Gesprächspartner das auch tut, oder möglichst genau in einem Winkel von 90 Grad zu sitzen. Denken Sie daran: Entscheidend ist die Einstellung „Sie sind mir in dieser Situation wichtig!“. Dann aber kann es sinnvoll sein, für die eigene Sitzposition sensibel zu werden. Sie werden es – intuitiv – spüren: Ist der Kontakt da? Wenn nicht, versuchen Sie, sich in der Körperhaltung auf den anderen einzustellen, um den Kontakt im Blick auf die jeweilige Situation gut auszutarieren.

Gut austariert heißt, es muss Kontakt da sein, aber er darf nicht zu eng sein. Wenn Ihr Gesprächspartner den Mund nicht aufmacht, nichts sagt und Sie gleichsam jedes Wort aus ihm herauskitzeln müssen, dürfte der Kontakt fehlen: Möglicherweise hat er kein Vertrauen zu Ihnen aufgebaut. Andererseits: Wenn Susi Sausewind Ihnen heulend um den Hals fällt, dürfte der Kontakt wohl etwas zu eng sein. Dann ist es Ihnen nicht gelungen, die nötige professionelle Distanz aufzubauen. Wir möchten Ihnen im Folgenden einige Anregungen geben, das zu üben:

Anregung zur Weiterarbeit

- Ein erster Schritt besteht darin, sensibel zu werden für das, was auf der zwischenmenschlichen Ebene im Gespräch abläuft. Achten Sie in Gesprächen (günstig sind Gespräche, wo Sie eher Beobachter sind und nicht einen aktiven Part übernehmen) auf die anderen Personen. Versuchen Sie, zu beobachten: Wie sitzt der Betreffende? Wie ist seine Körperhaltung? Wohin richtet sich der Blickkontakt? Was sagt er? Was meinen Sie: Ist der Kontakt zu dem oder den Gesprächspartnern da? Sie werden mit der Zeit feststellen, dass Sie solche Situationen viel bewusster wahrnehmen. Bewusste Wahrnehmung ist ein ganz wichtiger Bestandteil von Beratungskompetenz.
- Versuchen Sie, in Gesprächen zu Ihrem Gesprächspartner bewusst Kontakt aufzunehmen. Lassen Sie sich etwas Zeit dabei, sich auf die Situation einzustellen (also fangen Sie nicht sofort an). Versuchen Sie sich, auf den Gesprächspartner einzustellen und seien Sie sensibel für Ihre Sitzposition: Stimmt der Abstand, die Richtung? Haben Sie das Gefühl, dass der Kontakt da ist? Oder gibt es noch etwas zu verändern?
- Gerade junge Juristen sollten jede Gelegenheit nutzen, erfahrenen Anwälten „über die Schulter zu sehen“. Wer die Gelegenheit hat, viele unterschiedliche Juristen in Gesprächen zu beobachten, wird erstaunliche Entdeckungen machen. Zu diesen Entdeckungen wird gehören, dass mancher Jurist sich nicht genügend bemüht, einen guten Kontakt zum Mandanten aufzubauen und dass dies die Qualität des Gesprächs zwangsläufig mindert. Andererseits können Sie von erfahrenen und erfolgreichen Juristen viel lernen: Wie gestalten diese die Anfangsphase? Wie gelingt es denen, Kontakt aufzubauen?

2. Thema und Ziel des Gesprächs festlegen

„Wenn du nicht weißt, wo es hingeht, landest du sicherlich da, wo du auf keinen Fall hinwolltest!“. Das gilt in besonderem Maße auch für Gespräche. Vielleicht kennen Sie die Situation: Der Gesprächspartner fängt an zu erzählen, und Sie wissen überhaupt nicht, worum es geht. Man erlebt häufig Beratungsprozesse, in denen der Gesprächspartner oder man selbst mitten ins Thema einsteigt, weswegen der jeweils andere überhaupt nicht versteht, worum es geht. Auch hier – gerade hier – ist Orientierung notwendig: Was ist das Thema des Gesprächs? Was ist das Ziel? Grundsätzlich gibt es hier zwei unterschiedliche Möglichkeiten:

- **Ihr Gesprächspartner hat ein Anliegen, mit dem er zu Ihnen kommt**. Das ist in der Regel dann der Fall, wenn ein Mandant zu Ihnen kommt. Er hat zumindest ein Thema, über das er mit Ihnen reden möchte. Susi Sausewind hat das Thema ihrer Kündigung, ein anderer Mandant kommt mit einem Vertrag nicht klar oder möchte einen Vertrag abschließen. Irgendwo hat der andere dann auch ein Ziel für das Gespräch: Er möchte aus einer schwierigen Situation herauskommen, möchte einen Vertrag aufgesetzt bekommen. Möglicherweise ist das Ziel überhaupt noch nicht klar, und es wird dann Ihre Aufgabe sein, das Ziel weiter zu klären.

- **Sie haben ein Thema, das Sie mit einem anderen besprechen**. Das tritt häufig in späteren Phasen auf: Sie haben mit dem Anwalt der anderen Partei ein Vorgespräch geführt, und haben nun die Aufgabe, auf dieser Basis mit Ihrem Mandanten das weitere Vorgehen abzuklären. Oder Sie geben eine Darstellung zum Stand des Vertrags aus rechtlicher Sicht in der Unternehmensleitung. Dann mag das Thema zwar vorgegeben sein, aber in der konkreten Situation ist es Ihre Aufgabe, Thema und Ziel des Gesprächs transparent zu machen. Oder Sie haben im Statusgespräch mit einem Vorgesetzten mehrere Themen, die Sie besprechen möchten.

Üblicherweise ist die Frage nach dem Thema der inhaltliche Einstieg: Worum geht es? Je nachdem, ob das Thema von Ihrem Gesprächspartner oder von Ihrem Mandanten kommt, unterscheidet sich das Vorgehen:

- Wenn Ihr Mandant mit einem Thema zu Ihnen kommt, wird er in der Regel damit anfangen, die Situation zu schildern. Erwarten Sie hier nicht zu viel Informationen: Nicht selten ist diese Schilderung wenig strukturiert, Ihr Gesprächspartner kommt von einem zum anderen, muss sich möglicherweise seine ganze Besorgnis von der Seele reden und überschüttet Sie dann mit einem Schwall aller möglicher Informationen. Aber lassen Sie ihn erst einige Minuten erzählen, er muss sich selbst in das Thema einfinden, oder sich Angst, Wut, Verzweiflung von der Seele reden. In dieser Phase brauchen Sie im Grunde noch gar nicht alles zu verstehen; sie ist für Ihren Gesprächspartner wichtig, weniger für Sie. Aber Ihre Aufgabe ist es dann, ihn irgendwie anzuhalten und zur Ruhe zu bringen. Achten Sie auf den Punkt, an dem der erste Schwall vorbei ist oder Sie das Gefühl haben, Ihr Gesprächspartner hat sich in das Thema eingefunden. Übernehmen Sie dann die Steuerung: „Ich höre also bei Ihnen heraus, es geht um das Thema Kündigung“. Möglicherweise wird dann Ihr Gesprächspartner mit einem weiteren Schwall weitermachen; halten Sie ihn dann wieder an und übernehmen Sie allmählich die Steuerung des Gesprächs. Letztlich benötigt Ihr Gesprächspartner hier diese Steuerung.
- Wenn das Thema (zum Beispiel durch eine Agenda) vorgegeben ist oder Sie selbst ein Thema einbringen: Auch dann ist hilfreich, etwas in das Thema einzuführen. Worum ging es überhaupt? Was ist der bisherige Stand des Vertrags? Was war erreicht, wo sind strittige Punkte? Aber dehnen Sie diese Einführung nicht zu weit aus (meist genügen wenige Sätze) – sie dienen weniger der Klärung, sondern vielmehr dazu, dem Gesprächspartner Zeit zu geben, sich wieder an das Thema zu erinnern.

Die nächste Aufgabe ist es dann, das Ziel zu klären. Dabei ist es sinnvoll, zwei Ziele zu unterscheiden:

- Ein **übergeordnetes Handlungsziel**, das auf längere Sicht erreichen soll: Susi Sausewind möchte vielleicht ihre ursprüngliche Stelle wiederhaben, oder ihrem Vorgesetzten eins auswischen. Ein anderes Ziel kann sein, einen möglichst günstigen Vertrag zu bekommen, günstige Bedingungen in einem Scheidungsverfahren zu erzielen, einer Anzeige zu entgehen.

- Davon zu unterscheiden ist das **konkrete Gesprächsziel**, also das Ziel, das am Ende des Gesprächs erreicht werden soll. Ziel des ersten Gesprächs in dem Beispiel von Susi Sausewind wird nicht sein, dass sie wieder ihre Stelle erhält (das ist schwerlich in 90 Minuten zu erreichen), aber vielleicht, dass Möglichkeiten geklärt werden, ihre Stelle wieder zu bekommen oder dass wichtige Punkte für einen Vertrag abgeklärt werden, dass ein Einspruch vorbereitet wird, dass zunächst die Situation geklärt wird.

In manchen Fällen haben Mandanten genaue Vorstellungen zum Gesprächsziel: Sie wollen Informationen zu der Rechtslage in ihrer Situation, wollen Möglichkeiten für ein bestimmtes Vorgehen abklären. In anderen Situationen wird Ihnen nur das Handlungsziel klar sein, und es ist dann Ihre Aufgabe als Berater, das Beratungsziel abzuklären. Oder es ist ihnen weder Handlungs- noch Beratungsziel klar (so könnte es z.B. bei Susi Sausewind sein). Dann kann es Ihre Aufgabe sein, ein Ziel für das Gespräch vorzuschlagen: „Ich schlage vor, dass wir heute zunächst einmal die Situation genauer abklären und mögliche nächste Schritte überlegen“. Ähnlich können Sie, wenn Sie selbst ein Thema eingebracht haben, auch das Gesprächsziel vorschlagen: „Ich schlage vor, dass wir in einem ersten Schritt die kritischen Punkte in dem Vertrag identifizieren und anschließend dafür erste Möglichkeiten überlegen“. Daraus ergeben sich zwei unterschiedliche Vorgehensweisen:

- **Sie fragen Ihren Gesprächspartner nach dem Ziel des Gesprächs**. Hilfreich ist es, diese Frage sehr konkret zu formulieren, zum Beispiel „Was möchten Sie als Ergebnis dieses Gesprächs haben?“. Sie können entsprechend auch in Besprechungen mit mehreren Personen fragen: „Was sollte Ergebnis dieses Gesprächs sein?
- **Sie machen selbst einen Vorschlag zum Gesprächsziel**. Auch hier gilt wieder: Je konkreter Sie das Ziel formulieren, desto mehr wird das Gespräch auf einen Punkt gebracht, desto geringer ist die Gefahr, dass man sich in Nebensächlichkeiten verliert.

Hilfreich ist in vielen Fällen, das Gesprächsziel schriftlich zu fixieren. Sie können es sich auf Ihren Notizblock schreiben, hilfreich (wenn auch eher ungewöhnlich) ist es auch, das Ziel auf Flipchart oder Whiteboard zu schreiben oder bei Besprechungen bereits in der Agenda anzugeben. Das hat den Vorteil, dass alle während des Gesprächs das Ziel vor Augen haben und es reduziert die Gefahr, dass man den roten Faden verliert und sich in Nebensächlichkeiten verfängt.

Ergebnis dieser Phase sollten klare Vereinbarungen über Thema und Ziel des Gesprächs sein. Vereinbarungen bedeutet, dass alle Beteiligten zustimmen, Ihr Gesprächspartner und Sie. Das bedeutet konkret:

- Wenn Sie Thema und/oder Ziel vorgeschlagen haben, dann fragen Sie Ihren Gesprächspartner, ob das so in Ordnung ist. Lassen Sie ihm kurz Zeit darüber nachzudenken – aber sichern Sie die Zustimmung (sei es durch Kopfnicken oder ausdrückliche Bestätigung) ab. Wenn Sie keine eindeutige Zustimmung erhalten, dann fragen Sie lieber nochmals nach.

- Überlegen Sie sich auch, ob Sie selbst zustimmen. Auch das ist wichtig: Vereinbarung ist nie etwas Einseitiges, sondern erfordert grundsätzlich die Zustimmung von beiden Seiten. Zwei Kriterien können hier eine Rolle spielen, Ethik und Realisierbarkeit. Überlegen Sie sich: Kann ich das Ziel ethisch/moralisch überhaupt vertreten? Kann und will ich mich darauf einlassen? Und: Ist das Ziel überhaupt (in diesem Gespräch) erreichbar? Oder sollten wir zunächst nicht besser ein Teilziel ansetzen?

Klare Kontrakte über Thema und Ziel sind entscheidend für den Erfolg des Gesprächs. Nehmen Sie sich dafür Zeit, und gehen Sie hier sorgfältig vor. Es nützt Ihnen nichts, wenn Sie vorschnell eine Einigung annehmen – aber im Nachhinein feststellen müssen, dass Thema und Ziel nicht eindeutig waren.

3. Die Rahmenbedingungen abklären

Fast immer sind am Schluss der Orientierungsphase noch irgendwelche Rahmenbedingungen abzuklären. Die können betreffen:

- **Zeitliche Rahmenbedingungen**: Wie viel Zeit steht überhaupt für das Gespräch zur Verfügung? Kaum etwas ist ärgerlicher, als wenn Sie mitten bei der Bearbeitung des Themas sind, und Ihr Gesprächspartner Ihnen erklärt, dass er jetzt leider einen anderen Termin habe.
- **Finanzielle Rahmenbedingungen**: Fallen Kosten an? Wie hoch werden diese Kosten sein? Wer übernimmt die Kosten? Hat Ihr Mandant eine Rechtsschutzversicherung?
- **Rahmenbedingungen über Vertraulichkeit**: Wie weit bleibt das, was Ihnen Ihr Gesprächspartner erzählt, unter Ihnen – oder müssen Sie möglicherweise andere Personen einschalten?
- **Vereinbarungen darüber, dass Ihnen Ihr Mandant alles, was für die Situation wichtig ist, tatsächlich erzählt und nichts zurückhält**.

Gerade der letzte Punkt ist wichtig: Ein Mandant wird nur dann Informationen an Sie weitergeben, wenn er sicher ist, dass ihm das nicht schadet und dass diese Informationen nicht gegen ihn verwendet werden, letzten Endes: Wenn er Ihnen vertraut. Dafür wird Ihr Mandant für sich abchecken: Ist mein Gesprächspartner kompetent? Kann er mir helfen? Kann ich ihm vertrauen? Von daher kann hilfreich sein, diesen Kontrakt abzusichern: „Mir ist wichtig, dass Sie die Situation so darstellen, wie sie tatsächlich verlaufen ist, denn nur dann können wir eine sinnvolle Lösungsstrategie entwickeln. Können Sie sich darauf einlassen?" Entscheidend ist hier, dass der Mandant diesem Kontrakt zustimmt. Im Zweifelsfall, z.B. bei einem zögernden Tonfall, zweifelnder Miene usw. lieber nochmals nachfragen. In vielen Fällen gibt es dann noch offene Punkte, die zunächst zu klären, sind, bevor sich der Mandant auf diese Zusicherung einlässt.

Sinnvoll kann hier auch sein, auf die Stellung des Anwalts hinzuweisen, der zur Verschwiegenheit verpflichtet ist und der (nur) die Interessen seines Mandanten vertritt und nicht etwa diejenigen der Gegenpartei oder Dritter. Auf jeden Fall gilt: Ergebnis müssen auch hier klare Vereinbarungen sein. Im Zweifelsfall gezielt nachfragen, um mögliche Einwände zu bearbeiten.

4. Nochmals: Susi Sausewind

Lassen Sie uns nochmals auf das Beispiel von Susi Sausewind zurückgreifen. Nach den Hinweisen in diesem Paragraphen: Wie würden Sie die Orientierungsphase, d.h. den Anfang des Beratungsgesprächs mit Susi Sausewind gestalten?

Grundsätzlich gilt, dass natürlich auch hier die beiden Aufgaben der Orientierungsphase anstehen: es ist Kontakt aufzubauen und das Ziel des Gesprächs zu klären. Aber entscheidend ist dabei, dass Susi Sausewind überhaupt erst „gesprächsfähig" werden muss: Sie muss sich so weit sammeln, dass sie ihre Situation überhaupt erst einmal erzählen kann. Doch was kann einem Mandanten helfen, der emotional aufgelöst ist? Im Grunde, das Gespräch auf eine sachliche Ebene zu lenken. Wenn Sie sich die eingangs aufgeführten Punkte vergegenwärtigen, könnte das im Einzelnen heißen:

- Zunächst ist auch hier auf die Wahl des Sitzplatzes und die Sitzposition achten. Die Betonung der sachlichen Ebene erfordert Distanz: genügend großen Abstand halten, Richtung etwas schräg, die Körperhaltung im Blick auf dieses Verhältnis von Nähe und Distanz austarieren.
- Als nächster Schritt ist die Idee, ihr ein Taschentuch zu reichen, durchaus sinnvoll. Es signalisiert, dass Tränen auch durchaus etwas Normales sind, und dass Sie als Anwalt auch für so etwas vorbereitet sind. Außerdem hat Susi Sausewind etwas zu tun (ihre Tränen zu trocknen) und wird bereits damit etwas von ihrem Unglück abgelenkt.
- Der nächste Punkt ist, Zeit lassen. Sie können ruhig einige Minuten warten, mit hoher Wahrscheinlichkeit werden die Tränen versiegen. Sie können ihr auch etwas zu trinken anbieten. Und Sie können Verständnis signalisieren: „Lassen Sie sich ruhig Zeit".
- Wenn Sie das Gespräch eröffnen, dann gilt als Grundsatz, dass Sie die Aufmerksamkeit von Susi Sausewind mehr auf eine sachliche Ebene lenken: Solange sie ihre Aufmerksamkeit auf ihr Unglück lenkt, werden die Tränen fließen. Wenn Sie z.B. fragen, wo sie arbeitet, wie lange sie da schon arbeitet, dann lenken Sie ihre Aufmerksamkeit unauffällig auf eine sachliche Ebene.
- Von da aus können Sie dann das Gespräch langsam auf das eigentliche Thema lenken. Lassen Sie ihr Zeit, wenden Sie das an, was wir über den Aufbau des Kontaktes gesagt haben: Hören Sie zu, fragen Sie ggf. nach, halten Sie Blickkontakt.
- Doch was soll das Ziel dieses Gesprächs sein? Vermutlich ist Susi Sausewind nicht in der Lage, ein Ziel zu formulieren. Hier braucht sie Unterstützung. Schlagen Sie ihr als Ziel vor, mit ihr die verschiedenen Möglichkeiten

durchzugehen, die sie in dieser Situation hat. Danach kann sie sich entscheiden, was sie eigentlich erreichen möchte, und Sie können ggf. das weitere Vorgehen planen.

Sicher ist Ihnen deutlich: Diese Anfangsphase hat noch wenig mit juristischer Fachkompetenz zu tun. Was Ihnen hier hilft, ist gesunder Menschenverstand (auf ähnliche Situationen trifft man ja auch im Alltag) und Sensibilität für die Situation.

Anregung zur Weiterarbeit

Sie können die Orientierungsphase ohne weiteres in verschiedenen Gesprächen üben:

- Achten Sie bewusst darauf, ob Thema und Ziel klar sind. Ggf. fragen Sie direkt nach: „Verstehe ich das recht, dass Ziel des Gesprächs ist…“
- Überlegen Sie sich vor Ihren Gesprächen, was Thema und Ziel ist. Schreiben Sie es sich auf.
- Reflektieren Sie dann anschließend das Gespräch: Wie weit ist es Ihnen in der Orientierungsphase gelungen, die Steuerung zu übernehmen? Haben Sie es auch in schwierigen Situationen geschafft, ein klares Ziel festzulegen? Waren die Kontrakte eindeutig? Gibt es etwas, das Sie nächstes Mal verbessern würden?

IV. Die Klärungsphase

Erinnern Sie sich an den Problemlösungsprozess: Wenn man nicht weiß, wo man steht, braucht man im Grunde überhaupt nicht loszumarschieren, denn man weiß ohnehin nicht, wo man landen wird. Das heißt, es muss erst die Situation geklärt werden. Damit ist die Klärungsphase Grundlage für jede Problemlösung: Erst wenn geklärt ist, wie die Situation war und welche Bedeutung einzelne Handlungen des Mandanten zum Beispiel für eine gerichtliche Auseinandersetzung haben, besteht eine hinreichende Chance, Lösungsmöglichkeiten zu finden. Dabei sind innerhalb der Klärungsphase je nach der Situation zwei unterschiedliche Strukturierungen möglich:

- Ihr Gesprächspartner kommt mit einem Problem zu Ihnen. Dann wird er damit beginnen, die Situation zu schildern. Ihre Aufgabe ist es, in einem ersten Teil zuzuhören, nachzufragen, die juristisch relevanten Aspekte herauszuarbeiten. Anschließend ist es dann Ihre Aufgabe, aus Ihrer Sicht die Situation darzustellen: „Juristisch stellt sich die Situation wie folgt dar…“.
- Die Klärungsphase beginnt damit, dass Sie die Situation darstellen. Das kann zum Beispiel dann der Fall sein, wenn in einer Besprechung Ihre juristische Sicht zu einem Vertragswerk gefragt ist. Hier beginnen Sie mit der Darstellung der Situation, der Herausarbeitung der relevanten Aspekte oder der möglichen Problempunkte. Anschließend werden dann Ihr Gesprächspartner oder Ihre

Gesprächspartner dazu Stellung nehmen: Sie werden Fragen stellen, Ihre Sichtweise darstellen, unterschiedliche Interpretationen vertreten, Ihre Darstellung kommentieren.

In jedem Fall gliedert sich die Klärungsphase in zwei Teile: ein Teil, in dem Ihr Gesprächspartner seine Sicht darstellt; ein Teil, in dem Sie Ihre Sicht darstellen. Nur die Reihenfolge kann sich ändern: Die Klärungsphase kann mit der Darstellung aus Sicht des Gesprächspartners beginnen, woran sich als zweites Ihre Sichtweise anschließt – oder Sie eröffnen die Klärungsphase mit Ihrer Darstellung, woraufhin anschließend Ihr Gesprächspartner am Zug ist. Wir wollen im Folgenden zunächst die beiden Teile und anschließend den Übergang zwischen den beiden Teilen darstellen.

1. Die Sicht des Gesprächspartners

Erinnern Sie sich an Susi Sausewind: Die Frage, was hier überhaupt vorgefallen ist und was sich abspielte, kann nur Susi Sausewind beantworten. Entsprechendes gilt nahezu für die meisten Erstgespräche mit einem Mandanten, wobei ja zunächst überhaupt nicht klar ist, was überhaupt vorliegt. Ihre Aufgabe ist es, die wichtigen Faktoren der Situation herauszuarbeiten. Das ist nicht immer leicht. Zwei Hauptprobleme können hier auftreten:

- Der Mandant hält absichtlich Informationen zurück, von denen er meint, dass sein Verhalten dabei ungesetzlich, unmoralisch oder unpassend gewesen sei.
- Der Mandant ist (zunächst) überhaupt nicht in der Lage, die Situation sachlich darzustellen, weil er emotional so durcheinander, möglicherweise so verzweifelt ist, dass er nicht zusammenhängend erzählen kann.
- Der Mandant redet nicht von sich aus, sondern man muss ihm jede einzelne Information mühsam entlocken, er bleibt bei seiner Information im Allgemeinen und an der Oberfläche oder er erzählt und erzählt, aber schweift andauernd vom Thema ab
- Der Mandant hält unabsichtlich Informationen zurück, weil er nicht weiß, was juristisch relevant ist

Verdeutlichen wir es an dem Beispiel von Susi Sausewind. Sie legt sofort los:

> *„Der Personalchef Meier sei kleinkariert und ein wirkliches A.... Das sage jeder im Betrieb. Er habe an allen und an allem zu meckern. Stets habe er bezüglich ihrer Kleidung rumgenörgelt. Mal sei die Bluse zu eng, mal zu bunt, mal zu rot gewesen, mal der Rock zu kurz, mal zu faltig. Aber sie könnte sich ja schließlich nicht, nur weil ihr Arbeitgeber das wolle, Schuhcreme ins Gesicht schmieren und die Kleider ihrer Oma anziehen. Und dann gestern, als sie mit ihren Kolleginnen in der Kaffeepause gewesen sei, sei der Meier gekommen und habe gesagt, sie sehe ja heute wieder aus wie die letzte Nutte. Nun sei endgültig Schluss. Er habe ihr dann das Kündigungsschreiben gegeben. Man müsse sich*

das vorstellen, vor ihren Kolleginnen habe der Blödmann ihr die Kündigung gegeben. Wo solle sie jetzt denn hin? Und sie brauche doch Geld, um ihre Tochter Julia zu ernähren ... und was solle jetzt aus ihr werden? Und Julia ist gerade in den Kindergarten gekommen, ein aufgewecktes Kind, das sagen die Erzieherinnen auch…"

Alle vier der oben genannten Probleme können hier vorliegen:

- Sie müssen damit rechnen, dass Susi Sausewind Informationen zurückhält. Möglicherweise hat sie gravierende Fehler gemacht (und weiß das auch). Den Vorgang (Geschehensablauf), der zum eigentlichen Problem geführt hat (hier: die Kündigung der Susi Sausewind), schonungslos und vollständig offen zu legen, fällt ihr nicht leicht.
- Dass Susi Sausewind emotional aufgewühlt ist, ist leicht zu erkennen. Es haben sich bei ihr Emotionen aufgestaut, die nunmehr losbrechen, so dass es ihr schwer fällt, sachlich über die Situation zu reden.
- Zumindest, das ist an dem Beispiel erkennbar, fällt es ihr schwer, beim Thema zu bleiben. Sie gehört offenbar zu den Personen, die „von Hölzchen auf Stöckchen" kommen und nicht beim Thema bleiben: Sie lässt sich ausführlich über Herrn Meier aus, springt zu dem Thema, wie die anderen Herrn Meier sehen, kommt schließlich auf ihre Tochter.
- Schließlich ist die Darstellung von Susi Sausewind im Blick auf die relevanten juristischen Aspekte. Unklar sind zum Beispiel die Formalien der Kündigung (wurde Susi Sausewind zuvor abgemahnt?), dem Zugang der Kündigung (die Kündigung ist unwirksam, wenn sie nur mündlich erfolgte), der Anwendbarkeit des Kündigungsschutzgesetzes, der Beteiligung des Betriebsrats (wurde er zuvor gehört?)

Ihre Aufgabe als Anwalt ist es, das Gespräch so zu führen, dass alle relevanten Aspekte der Situation zutage kommen und diese Probleme vermieden werden. Letztlich bedeutet das, dass Sie zum einen Ihrem Gesprächspartner Freiraum geben müssen, das zu erzählen, was ihm wichtig ist, dass Sie zum anderen aber auch das Gespräch steuern und strukturieren müssen, um die tatsächlich relevanten Informationen zu erhalten. Sie haben dafür folgende Möglichkeiten:

a) Den Kontrakt absichern, dass der Mandant alle wichtigen Informationen berichtet

Wir haben das bereits im Zusammenhang mit der Orientierungsphase angesprochen: Die beste Möglichkeit, alle relevanten Informationen zu erhalten, besteht darin, einen klaren Kontrakt mit Ihrem Mandanten zu machen. Möglicherweise müssen Sie diesen Kontrakt hier nochmals wiederholen. Möglicherweise ist es hilfreich, hier selbst etwas länger zu begründen, warum das wichtig ist, denn nur so können Sie Ihrem Mandanten wirklich helfen. Auch hier wieder: Ihr Mandant wird abchecken, ob Sie es wirklich ehrlich meinen. Wenn es Ihnen gelingt, ihn davon zu überzeugen (und das hat letztlich wieder entscheidend mit Ihrer Einstellung zu tun), dann wird er sich darauf einlassen.

b) Einstieg und Strukturierung der Klärungsphase

Was muss in der Klärungsphase erörtert werden? Im Grunde ist die Antwort ganz einfach: Geklärt werden muss, was im Blick auf das Ziel relevant ist. Wenn es das Ziel von Susi Sausewind ist, rechtliche Möglichkeiten im Umgang mit ihrer Kündigung zu erfahren, dann sind im Rahmen der Klärungsphase alle die Faktoren zu erfassen, die für die Kündigung relevant sind. Ihre Aufgabe ist, zum einen die Informationen zu bekommen, zum anderen Ihren Gesprächspartner anzuhalten, wenn er ausführlich über Dinge berichtet, die mit dem eigentlichen Thema nichts zu tun haben. Entscheidend ist hier die Einstiegsfrage, die die Richtung der Darstellung durch Ihren Gesprächspartner festlegt. Sie haben hier verschiedene Möglichkeiten

- **Den Gesprächspartner frei erzählen lassen**: Die Einstiegsfrage ist hier nichts anderes als die Aufforderung, die Situation zu schildern. Diese Frage hat Vor-, aber auch Nachteile. Der Vorteil liegt darin, dass Ihr Gesprächspartner zum Erzählen kommt; der Nachteil ist, dass diese Darstellung wenig strukturiert und wenig auf das Ziel bezogen ist. Susi Sausewind erzählt alles Mögliche, aber sie erzählt vermutlich das, was ihr in den Sinn kommt, weniger das, was rechtlich relevant ist. Also seien Sie vorsichtig mit einer zu offenen Frage. Wenn Sie eine solche stellen, denken Sie daran, dass Sie allmählich Ihren Gesprächspartner wieder zum Thema führen müssen – oder Sie überlegen sich eine Frage, die sofort deutlicher zum Ziel führt.
- **Nach dem Geschehensablauf fragen**: Das ist gleichsam die Standardfrage, die Sie in vielen Situationen anwenden können: „Jetzt erzählen Sie doch, wie es zu der Kündigung gekommen ist". Diese Frage bietet den Vorteil, dass sie die Erzählung Ihres Gesprächspartners strukturiert und es Ihnen ermöglicht genauer nachzufragen: Was war der erste Auslöser? Was geschah als Nächstes? Wie hat sich die Situation weiterentwickelt?

Je nach Thema und Ziel werden auch andere Einstiegsfragen geeignet sein. Wir beschränken uns im Folgenden auf eine Zusammenstellung unterschiedlicher Fragen. Diese Fragen können Anregungen bieten, aber überlegen Sie im Blick auf Thema und Gesprächsziel selbst, welche geeignet sind, oder überlegen Sie sich eine andere Frage. Aber denken Sie daran: Je „passgenauer" Sie die Einstiegsfrage stellen, desto enger wird die daran anschließende Gesprächsphase auf Thema und Ziel bezogen sein.

- Können Sie die gegenwärtige Situation schildern?
- Was ist erreicht, was nicht?
- Schätzen Sie die gegenwärtige Situation (zum Beispiel den Stand des Projektes) zwischen 0 und 100 ein. 0 bedeutet katastrophal; 100 bedeutet:

optimal. Dabei ist weniger die Zahl von Belang, sondern das, was dahintersteht: was macht bei einer Einschätzung von 60 den Erfolg aus, was sind die fehlenden 40?

- Wo genau liegen die Probleme?
- Was spricht dafür, was spricht dagegen?
- Wie kam es zu dieser Situation?
- Welche Faktoren haben aus Ihrer Sicht zu dem Problem geführt?
- Wie haben Sie bisher versucht, das Problem zu lösen?
- Was meinen Sie, wird passieren?
- Was ist Ihr bisheriger Plan?
- Was tun Sie üblicherweise in solchen Situationen?
- Was meinen Sie, denken andere über diese Situation? Wie würde Ihr Vorgesetzter das Problem beschreiben, Ihr Kunde?

Viele Gesprächspartner brauchen zunächst Zeit, sich warm zu reden. Andere dagegen müssen gebremst werden, damit sie nicht uferlos erzählen. Ihre Aufgabe ist auch, das zu steuern. Möglichkeiten sind:

- **Den Gesprächspartner frei erzählen lassen**, ihm dafür Zeit geben, zuhören, nicht gleich unterbrechen
- **Den Erzählfluss des Gesprächspartners durch „Aufmerksamkeitsreaktionen" unterstützen.** „Aufmerksamkeitsreaktionen" (Gordon 1997, 71) sind interessierte Signale wie Nicken, „hm", Blickkontakt. Wichtig ist dabei, sie nicht „technisch" einzusetzen – Ihr Gesprächspartner nimmt unbewusst sofort wahr, wenn Sie sich „in Wirklichkeit" nicht für das Thema und ihn interessieren. Entscheidend ist auch hier wieder Ihre Einstellung „Mir ist wichtig, zunächst Ihre Sichtweise zu hören." Diese Einstellung kann dann durch entsprechendes Verhalten unterstützt werden.
- **Den Gesprächspartner bei Abschweifungen wieder zum Thema führen, ohne den Redefluss abrupt zu unterbrechen.** Um das einzuschränken, kann es hilfreich sein, sich bereits für die Einstiegsfrage die ausdrückliche Zustimmung zu holen: „Ist es in Ordnung für Sie, wenn wir Schritt für Schritt durchgehen, wie es letztlich zu dieser Kündigung kam, und ich Sie dann jeweils frage, wenn ich zusätzliche Informationen benötige?" – aller Wahrscheinlichkeit nach wird Ihr Gesprächspartner zustimmen, und Sie erhalten dann die Möglichkeit, deutlicher zu steuern.

Eine andere Möglichkeit ist die „Gänseblümchen-Methode": das aufgreifen, was der Gesprächspartner sagt, aber ihn von dort aus wieder zum Thema führen: „Und wenn wir jetzt Ihre bisherige Tätigkeit nehmen, was hat dann im nächsten Schritt zur Kündigung geführt?" Inhaltlich besteht wenig Zusammenhang zwischen der ausführlichen Erzählung Ihres Gesprächspartners und dem Geschehensablauf, der zur Kündigung geführt hat – aber indem Sie die Verbindung herstellen, vermeiden Sie es, Ihren Gesprächspartner abzublocken, sondern führen ihn sanft wieder zum eigentlichen Thema.

Die freie Erzählphase gibt dem Gesprächspartner die Möglichkeit, sich – in einer fremden und möglicherweise für ihn bedrohlichen Umgebung – zunächst warm zu reden und zugleich seine Gedanken zu sammeln. Sie erhalten in dieser Situation einen ersten Überblick über die Sichtweise Ihres Gesprächspartners und zugleich häufig Hinweise auf Themen, die später weiter zu klären sind:

- Welche Themen werden angesprochen, welche nicht?
- Gibt es Themen, die im Hintergrund anklingen und möglicherweise für die weiteren Überlegungen von Belang sind?
- Was sagt die Körpersprache Ihres Gesprächspartners? Zeigt er Betroffenheit? Ist er entspannt? Gibt es Widersprüche zwischen dem Inhalt und seiner Körpersprache? Erzählt er von einer Situation als einer bewältigten? Bleibt er dabei verkrampft?

c) Die Klärung „verdeckter Erfahrungen“

Häufig bleibt in der freien Erzählphase die Darstellung an der Oberfläche: „allmählich hat sich die Beziehung zu Herrn Meier, dem Personalleiter, verschlechtert“. Hier wird nur angedeutet, dass sich etwas verändert hat – aber was da genau geschehen ist, bleibt „unter der Oberfläche“, bleibt verdeckt. Vielleicht hält Susi Sausewind das nicht für wichtig, oder sie möchte es nicht preisgeben. Das bedeutet für Sie, hier genau zuzuhören, wo etwas unter der Oberfläche anklingt, und genauer nachzufragen, insofern es im Blick auf Thema und Ziel relevant sein könnte. Im Wesentlichen haben Sie dafür zwei unterschiedliche Möglichkeiten:

- **Fokussieren einer konkreten Situation**: Fokussieren heißt, auf den Punkt bringen. Eine konkrete Situation fokussieren, bedeutet, sich für einen angedeuteten Sachverhalt eine konkrete Situation als Beispiel schildern zu lassen: „Vielleicht können Sie eine ganz konkrete Situation schildern, in der Ihnen deutlich wurde, dass sich die Beziehung zu Herrn Meier verschlechtert“. Der Vorteil dieses Vorgehens liegt darin, dass die Darstellung nicht an der Oberfläche bleibt, sondern dass anhand einer solchen Beispielsituation deutlich wird, was sich konkret abgespielt hat. Manchmal benötigt der Mandant Zeit, sich an eine konkrete Situation zu erinnern, manchmal ist es hilfreich, die Vergegenwärtigung der Situation durch konkrete Fragen zu unterstützen:
  - Wer war an dieser Situation beteiligt?
  - Wie war das Umfeld: ein Büro, eine Besprechung?
  - Was taten die beteiligten Personen? Was sagten Sie, was machten Sie? Wie genau reagierte der andere?

- Wie hat sich die Situation entwickelt? Womit fing es an, was geschah als Nächstes?
- Was ging dem Gesprächspartner dabei durch den Kopf? Welche Gedanken hat er sich dazu gemacht? Wie hat er die Situation empfunden?

- **W-Fragen zum direkten Erfragen verdeckter Erfahrungen**: Wenn Sie bei dem Satz „allmählich hat sich die Beziehung zu Herrn Meier verschlechtert" genau hinhören, dann sind es einzelne Wörter, mit denen etwas angedeutet, aber nicht geklärt wird: „allmählich", „Beziehung", „verschlechtert". Sie können zu diesen Wörtern direkte W-Fragen formulieren:
  - Was genau hat sich verschlechtert? Oder auch: „Beziehung" heißt?
  - Was genau ist geschehen, dass es sich verschlechtert hat? Oder: „verschlechtert heißt?"
  - Woran haben sie gemerkt, dass sich die Beziehung verschlechtert hat?
  - Was hat dazu geführt, dass sich die Beziehung verschlechtert hat?
  - Was heißt „allmählich"?

Solche Fragen führen dazu, dass sich Ihr Gesprächspartner die Situation nochmals vergegenwärtigt und möglicherweise treten dabei Informationen zutage, die wichtig sind.

Selbstverständlich wird man nicht jede verdeckte Information erfragen – dann würde im Endeffekt jedes Gespräch unmöglich. Nachfragen von verdeckten Informationen, wenn es zu intensiv angewandt wird, kann die Beziehung belasten. Erfragen von verdeckten Informationen muss immer auf ein Ziel ausgerichtet sein: Wo werden Themen angedeutet, die für die Beurteilung der Situation und die Lösung des Problems relevant sind? Diesen Themenbereich gilt es dann, genauer herauszugreifen und an dieser Stelle zu klären, was hinter den Formulierungen des Gesprächspartners steht.

d) Direktes erfragen juristisch relevanter Aspekte

Diese Informationen reichen in der Regel aus, um Ihnen ein erstes Bild von der Situation zu verschaffen. Trotzdem bleiben dabei immer noch Aspekte außer Betracht, deren Wichtigkeit Ihr Gesprächspartner nicht richtig einschätzen konnte, die aber juristisch von Belang sind. Hier ist es wenig hilfreich, Ihren Gesprächspartner frei erzählen zu lassen, sondern hier müssen Sie direkt nachfragen. Bezogen auf Susi Sausewind:

- Wurde Susi Sausewind zuvor abgemahnt?
- Erfolgte die Kündigung schriftlich?
- Wurde der Betriebsrat gehört?

Was von Ihnen hier verlangt wird, ist eine erste Einschätzung der Situation aus juristischer Perspektive: Was sind Aspekte, die bei einer Kündigung zu beachten sind? Die müssen Sie nachfragen. Entsprechend kann auch bei anderen Themen direktes nachfragen erforderlich sein. So kann es hilfreich sein, bei dem Vertrag zu einem größeren Projekt nach dem Projektauftrag zu fragen und sich den vorlegen zu lassen.

e) Paraphrasieren und Strukturieren

Paraphrasieren und strukturieren bildet in der Regel den Abschluss dieses Teils der Klärungsphase, Inhalte zusammenzufassen, zu präzisieren oder zu strukturieren:

- *„Ich höre somit heraus, dass es Ihnen vor allem darum geht, die fortwährenden Reklamationen zu vermeiden.“*
- *„Damit deuten sich zwei zentrale Probleme an: Die Unzuverlässigkeit Ihres Mitarbeiters und die Vermutung, dass er Ihnen Kunden abwirbt. Ist es das?“*

Für Sie bietet dieses Vorgehen die Möglichkeit, abzusichern, ob Sie die Situation verstanden haben. Die Gefahr besteht darin, dass die Paraphrasierung nicht den Kern trifft, aber Ihr Gesprächspartner trotzdem nicht korrigiert. Paraphrasieren und Strukturieren sollte immer in Frageform erfolgen, so dass der Gesprächspartner die Möglichkeit erhält, seine eigene Sichtweise zu überdenken und zu präzisieren und möglicherweise Ihre zu präzisieren: „Nein, eigentlich geht es mir nicht um die Reklamationen, sondern darum, dass...“.

2. Die eigene Sichtweise

In der Klärungsphase geht es immer darum, zwei Sichtweisen zu klären: die des Gesprächspartners und die eigene Sichtweise. Die Reihenfolge kann unterschiedlich sein: Entweder beginnt Ihr Gesprächspartner damit, seine Sicht darzustellen, und Sie ergänzen, indem Sie zum Beispiel die juristischen Aspekte der Situation anschließend darstellen. Oder die Klärungsphase beginnt mit Ihrer Darstellung (indem Sie die juristischen Aspekte eines Vertragsentwurfs erörtern), woran sich anschließend Fragen oder Stellungnahmen Ihres Gesprächspartners oder Ihrer Gesprächspartner anschließen. Auf jeden Fall sind auch Sie gefordert, Ihre Sicht der Situation einzubringen. Dazu folgende Grundregeln:

- Überlegen Sie: welche rechtlichen Sachverhalte kommen hier zum Tragen?
- Überlegen Sie: Welche Informationen sind für Ihren Gesprächspartner wirklich wichtig?
- Strukturieren Sie Ihre Darstellung!
- Passen Sie die Sprache Ihren Gesprächspartnern an!
- Beziehen Sie Position!

Bleiben wir zunächst beim Beispiel von Susi Sausewind: Sie wird von Ihnen etwa folgenden Kommentar erwarten:

- Welche Punkte sind aus Sicht des Anwalts besonders relevant: zum Beispiel eine vorherige Abmahnung oder die Einbeziehung des Betriebsrats
- Wie ist Ihre Einschätzung? Sieht er die Situation als gravierend oder eher nebensächlich an? Wie ist die rechtliche Lage? Stellt sich dabei heraus, dass eine Abmahnung nie erfolgt ist und dass ihre Kleidung „normal" war, wird der Anwalt seiner Mandantin sagen, dass die Kündigung nach seiner Auffassung unwirksam ist und ein Vorgehen gegen diese Kündigung guten Erfolg verspricht.
- Was sind zu erwartende Konsequenzen? Was sind mögliche Risiken oder Chancen? Auch wenn ein Einspruch gute Chance auf Erfolg hat, besteht das Risiko, dass sich die Beziehung zu Herrn Meier in Zukunft weiter verschlechtern wird.

Allgemein lassen sich für die Darstellung Ihrer Sichtweise in der Klärungsphase folgende Hinweise geben:

- **Überlegen Sie, welche juristischen Sachverhalte hier zum Tragen kommen**: Das ist sozusagen Ihre „interne" Vorbereitung, die Darstellung von Susi Sausewind vor dem Hintergrund Ihres Wissens als Experte in juristischen Fragen zu reflektieren. Wenn die Klärungsphase mit der Darstellung Ihres Gesprächspartners beginnt, ist das etwas, das Sie gleichsam nebenher beim Zuhören und Nachfragen tun müssen. Wenn Sie in der Klärungsphase zunächst Ihre Sicht darstellen, dann ist das etwas, das Sie in Ihrer Vorbereitung tun können – wir kommen bei dem Kapitel „Vortrag und Präsentation" nochmals darauf zurück.
- **Überlegen Sie, welche Informationen für Ihren Gesprächspartner tatsächlich relevant sind**: Im Blick auf die fachlichen Inhalte ist man leicht in Gefahr, zu viel darzustellen. Halten Sie hier zunächst ein: Susi Sausewind kann mit einem allgemeinen Vortrag über die Grundsätze des Kündigungsrechts vermutlich wenig anfangen – abgesehen davon, dass sie auch emotional kaum in der Lage ist, das aufzunehmen. Sie braucht knappe Informationen darüber, wie ihre Situation rechtlich einzuschätzen ist.
- **Strukturieren Sie die Darstellung Ihrer eigenen Sichtweise**: Was viele Mandanten in dieser Situation benötigen, ist eine klare Struktur. Von daher empfiehlt es sich, kurz zu überlegen, wie Sie Ihre Darstellung strukturieren. Eine solche Struktur ist selbst dann hilfreich, wenn die Darstellung nur einige Minuten in Anspruch nimmt. Eine mögliche Struktur könnte z.B. sein:
  - Wie ist Ihre Gesamteinschätzung der Situation?
  - Welche Tatbestände der Situation sind rechtlich relevant?
  - Welche geltenden Gesetze, Vorschriften, Normen kommen in dieser Situation zum Tragen?

- Welche Probleme ergeben sich daraus?
- Welche Chancen und Risiken zeichnen sich ab?

Gerade für den Anfänger sind Checklisten eine gute Hilfe um nicht einzelne Fragen, die unbedingt geklärt werden müssen, zu vergessen. Eine solche Checkliste kann auch bei der Strukturierung der Erörterungen mit dem Mandanten hilfreich sein.

- **Passen Sie Ihre Darstellung der Sprache Ihres Gesprächspartners an**: Nicht ganz zu Unrecht stehen Juristen in dem Ruf, sie könnten nicht verständlich formulieren. Mit Fachbegriffen aus dem Kündigungsrecht wie Abmahnung, verhaltens- oder personenbedingte Kündigung und soziale Rechtfertigung und dergleichen kann Susi Sausewind vermutlich wenig anfangen, ebenso wenig mit Abkürzungen wie BGB, KSchG usw. Überlegen Sie vorher: Wie kann ich meine Darstellung so formulieren, dass sie für den Gesprächspartner verständlich ist? Wie kann ich Fremdwörter vermeiden? Wie kann ich vielleicht den Inhalt an gut nachvollziehbaren Beispielen verdeutlichen? – wir kommen auch darauf im Zusammenhang mit Referaten nochmals zurück.
- **Beziehen Sie Position**: Auch das gehört zu der Aufgabe, Klarheit für den Mandanten zu schaffen. Wenn es sein Problem ist, eben nicht genau zu wissen, wie er eine Situation einschätzen soll, benötigt er hier Orientierung. Das meint selbstverständlich nicht, dass sich ein Berater festlegen soll, wenn die rechtliche Lage unklar ist. Aber er sollte eben das transparent machen. Wie diese Position jeweils formuliert wird, wird von Situation zu Situation unterschiedlich sein:
  - *„Aus meiner Sicht stellt sich Ihre Situation so und so dar ...“*
  - *„Relevant für die rechtliche Beurteilung ist insbesondere die Tatsache ...“*
  - *„Hier bewegen wir uns in einer rechtlich ungeklärten Situation ...“*

Thomas Gordon, der eine Reihe praktischer Bücher über Gesprächsführung geschrieben hat, schlägt hier vor, die eigene Position in „Ich-Botschaften“ zu formulieren. Sie können das entsprechend anwenden: „Ich sehe die Situation so und so ...“ oder auch „aus meiner Sicht ist die Situation rechtlich nicht eindeutig“. Sie wirken dadurch authentischer und transparenter für Ihren Gesprächspartner – und treten zugleich dem Vorurteil entgegen, Juristen könnten nicht klar formulieren.

3. Der weitere Verlauf der Klärungsphase

Gleichgültig, ob zu Beginn oder in dem zweiten Teil der Klärungsphase: Irgendwann sind Sie gefordert, Stellung zu beziehen und Ihre Sichtweise darzustellen. Doch damit ist die Klärungsphase noch nicht zu Ende, denn jetzt geht der Ball gleichsam wieder zurück an Ihren Gesprächspartner. Jetzt ist er wieder am Zug: Susi Sausewind etwa mit der Frage, ob das klar ist, Ihre Gesprächspartner nach einer Beurteilung eines Vertragsentwurfs mit möglichen Fragen, Einwänden, Ergänzungen.

Dies ist ein heikler Punkt im Gesprächsverlauf: Sie haben Ihre Sicht dargestellt, nehmen wahr, dass Ihr Gesprächspartner etwas noch nicht verstanden hat. Die übliche Reaktion ist dann, dass man versucht, nochmals zu erklären. Doch genau das ist der falsche Weg. Sie versuchen zwar zu erklären – aber stattdessen hindern Sie Ihren Gesprächspartner am Denken! Bezogen auf Susi Sausewind: Vermutlich muss sie das

Gesagte zunächst einmal verarbeiten: Was bedeutet Ihre Einschätzung für ihre Situation? Ist sie erleichtert, dass es doch nicht so schlimm ist, wie sie befürchtete? Oder ist sie erschreckt, weil sie die Situation erst jetzt in ihrer Tragweite erkennt?

Versetzen Sie sich in die Situation Ihres Gesprächspartners. Stellen Sie sich vor, jemand anderes stellt Ihnen einen komplexen Sachverhalt vor oder macht Ihnen die Mitteilung, dass eine Situation problematischer ist als Sie es angenommen haben. Was Sie hier benötigen, ist zunächst einmal Zeit: Zeit, das Gesagte zu verstehen und zu verarbeiten, Zeit, um möglicherweise nachzufragen. Wenn der andere dann dauernd irgendwelche zusätzlichen Kommentare gibt und nicht aufhört zu reden, dann nimmt er Ihnen genau diese Zeit – er hindert Sie daran, selber zu denken. Daraus ergibt sich ein ganz zentraler Grundsatz für die „Rollenverteilung“ in der Klärungsphase:

Nach Schluss der eigenen Darstellung: Bewusst anhalten, eine deutliche Pause machen, dem Gesprächspartner Zeit geben, selber das Gesagte zu durchdenken!

Im Einzelnen heißt das:

- **Anhalten und innerlich umschalten**: Sich selber bewusst machen, jetzt geht es nicht mehr darum, meine Argumente zu wiederholen oder zu ergänzen, sondern jetzt ist es meine Aufgabe, meinem Gesprächspartner Zeit zu geben, das Gesagte zu verarbeiten.
- **Diese Phase des Gesprächs mit einer offenen Frage einleiten**: „Wenn Sie das hören, was geht Ihnen dann durch den Kopf?“, „Aus Ihrer Sicht: gibt es dazu Kommentare, Hinweise, Anregungen?“ – aber nach diesem Satz wirklich eine Pause machen und nicht sofort weiterreden!
- **Wenn Ihr Gesprächspartner dann anfängt zu reden**: zuhören, nicht unterbrechen, sondern ihm Zeit geben: Hier haben Sie eine andere Rolle als noch kurz davor. Jetzt sind Sie nämlich nicht mehr der Experte, sondern sind Zuhörer. Ihr Gesprächspartner braucht Zeit, das Gesagte zu verarbeiten. Lassen Sie Ihn erst einmal reden, beschränken Sie sich auf „hm“, möglicherweise können Sie anschließend nachfragen (und dabei das nutzen, was wir zu dem ersten Abschnitt er Klärungsphase gesagt haben). Sie können damit Ihrem Gesprächspartner helfen, für sich Klarheit zu bekommen. Sie können ggf. auch paraphrasieren und strukturieren.
- **Verständnis zeigen**: Je problematischer die Situation ist, desto mehr benötigen Mandanten hier Verständnis. Versuchen Sie, gerade hier den Kontakt zu halten: Sich auf den anderen einstellen, deutlich machen, dass Sie seine Enttäuschung oder ... verstehen. Sie können auch verbal formulieren: „Ich kann mir vorstellen, dass Sie darüber erleichtert sind (oder dass Sie das Gesagte erschreckt)“ – und dann Pause machen. Im Anschluss an Thomas Gordon spricht man hier von „Aktivem Zuhören“: die Gefühle und Empfindungen des Gesprächspartners verbalisieren. Ihr Gesprächspartner wird dann von selber fortfahren und dabei gleichzeitig Klarheit gewinnen. Möglicherweise wird Susi Sausewind antworten,

es sei schön zu hören, dass die Kündigung unwirksam sei, zu ihrem alten Arbeitgeber wolle sie aber unter keinen Umständen zurück. Damit wird ihr klarer, was sie wirklich will – es braucht nicht mehr überprüft zu werden, wie Susi ihren Arbeitsplatz wiedererhalten kann.

- **Vermeiden Sie Diskussionen über die eigene Sichtweise**: In vielen Fällen versuchen Mandanten im Anschluss daran diese Sichtweise zu diskutieren: „*Aber in Wirklichkeit ist es doch ganz anders.*“ Solche Diskussionen sind in der Regel ebenso langatmig wie unfruchtbar; man verstrickt sich nur allzu leicht in einem Hin und Her über die Frage, was denn wirklich war. Hier ist es sinnvoll, solche Diskussionen von vornherein zu verhindern: „*Dies ist meine Sichtweise. Und mir ist wichtig, dass Sie aus meiner Sicht mögliche Risiken und Chancen kennen. Denn nur dann können wir überlegen, wie wir damit vorgehen*“.

Besonders wichtig ist dieser Wechsel vom Experten zum Zuhörer in Diskussionen: Sie haben Ihre Sicht eines Vertragsentwurfs vorgetragen, und es kommen eine Reihe von Einwänden. Üblicherweise tendiert man dazu, dann die eigene Auffassung nochmals zu begründen. Doch Vorsicht: Nur allzu leicht wird auch daraus ein Hin und Her von Einwänden und Verteidigung. In der Systemtheorie nennt man das einen Regelkreis. Also auch hier sorgsam unterscheiden: Erst in die Rolle des Zuhörers wechseln, möglicherweise nachfragen oder paraphrasieren – und erst dann Stellung beziehen. Im Einzelnen heißt das:

- **Wechseln Sie innerlich zunächst in die Rolle des Zuhörers, bevor Sie inhaltlich antworten**: Was meint mein Gesprächspartner?
- **Sie können auch nachfragen, paraphrasieren oder auch die Wichtigkeit des Beitrags hervorheben**: „*An was denken Sie hier genau?*“, „*ich höre bei Ihnen folgende Punkte heraus…*“, „*in der Tat ist das ein möglicher Einwand*“. Der Vorteil dieses Schrittes ist, dass Sie nicht nur Ihr Verständnis absichern; Sie gewinnen auch Zeit, Ihre Position zu formulieren
- **Beziehen Sie anschließend Position**: Je nach der Situation werden Sie zustimmen, ein „teils – teils“ formulieren, oder möglicherweise auch klar eine Gegenposition beziehen.
- **Fassen Sie das Ergebnis zusammen**: Das ist meist ein passender Abschluss für diese Phase. Dabei bedeutet Zusammenfassen nicht, eine einheitliche Sichtweise zu erzwingen. Zusammenfassen bedeutet: Wo stimmen wir überein? Wo bestehen unterschiedliche Auffassungen? Hilfreich kann sein, das (auf Flipchart oder Whiteboard) zu visualisieren. Sie haben damit eine gute Ausgangsposition für die anschließende Lösungsphase.

4. Zusammenfassung

Damit ist die Klärungsphase jeweils geprägt von einem Wechsel aus Zuhören/ Nachfragen/Paraphrasieren bzw. Strukturieren und selbst Position beziehen. Je nachdem, wer (ob Sie oder Ihr Gesprächspartner) das Thema einbringt, wird der

Ablauf unterschiedlich sein. Hier noch mal eine summarische Zusammenfassung des Ablaufs der Klärungsphase:

Ihr Gesprächspartner hat ein Anliegen, bringt ein Thema ein:	**Sie bringen ein Thema ein:**
Der Gesprächspartner stellt seine Sicht der Situation dar: • Zuhören • Nachfragen (fokussieren, W-Fragen) • Paraphrasieren, strukturieren, zusammenfassen	**Sie stellen Ihre Sichtweise dar:** • Überlegen, was für den Gesprächspartner wichtig ist • Strukturieren • An Verständnis des Gesprächspartners anpassen (Beispiele, keine Fremdwörter)
Danach selbst Position beziehen: • Überlegen, was für den Gesprächspartner wichtig ist • Strukturieren • An Verständnis des Gesprächspartners anpassen (Beispiele, keine Fremdwörter)	**In die Rolle des Zuhörers wechseln:** • Warten, dem anderen Zeit lassen • Nachfragen • Paraphrasieren, zusammenfassen, strukturieren • Wenn erforderlich, Verständnis zeigen
Dem Gesprächspartner Zeit geben, das Gesagte zu verarbeiten: • Warten, dem anderen Zeit lassen • Nachfragen • Paraphrasieren, zusammenfassen, strukturieren • Wenn erforderlich, Verständnis zeigen • Ggf. Ergebnis zusammenfassen	**Ergebnis der Klärungsphase festmachen:** • Ggf. nochmals eigene Position verdeutlichen • Nicht in Diskussionen über die Wirklichkeit verfallen • Gemeinsamkeiten/Unterschiede in der Betrachtung herausarbeiten

Entscheidend ist, dass diese Phasen nicht vermischt werden und der Wechsel zur nächsten Phase eindeutig erfolgt. Das heißt, wenn Ihr Gesprächspartner beginnt, dann zunächst eindeutig in der Rolle des Zuhörers bleiben und erst danach – ebenso eindeutig – Position beziehen, um abschließend wieder in die Rolle des Zuhörers zu wechseln. Wenn Sie beginnen, eindeutig Position beziehen, dann eindeutig in die Rolle des Zuhörers wechseln und abschließend das Ergebnis der Klärungsphase zusammenfassen.

V. Die Lösungsphase

Denken wir an unser Fallbeispiel zurück: Ergebnis der Klärungsphase ist, dass die Kündigung vermutlich nicht gerechtfertigt ist. Susi Sausewind ist wahrscheinlich jetzt schon etwas beruhigter. Doch wie geht das Gespräch weiter? Wenn Sie sich jetzt hinsetzen würden und eine Kündigungsschutzklage vorbereiten würden, wäre das möglicherweise vorschnell. Hier ist es sinnvoll, nochmals einzuhalten und zu überlegen, welche Möglichkeiten Susi Sausewind in dieser Situation überhaupt hat: Sie kann gegen die Kündigung klagen, sie könnte aber auch die Kündigung akzeptieren und eine möglichst gute Abfindung aushandeln. Oder sie könnte versuchen, die Stelle zu behalten, ohne die Beziehung zu dem Personalchef aufgrund einer Klage weiter zu belasten – dann wäre wieder ein anderes Vorgehen angesagt. Je nachdem, was Susi Sausewind letztlich erreichen möchte, wird ein anderes Vorgehen angesagt sein. Eben das ist jetzt zu klären.

Generell hat die Lösungsphase, die dritte Phase eines Gesprächs, die Aufgabe, einen Überblick über mögliche Lösungen und die jeweiligen Vor- und Nachteile zu gewinnen. Dafür ist es hilfreich, zunächst nochmals einen Blick auf die Ziele (und sowohl das übergeordnete Handlungsziel als auch das Ziel des Gesprächs) zu werfen. Daraus ergeben sich folgende drei Schritte in der Lösungsphase: In einem ersten Schritt nochmals das Ziel abzusichern bzw. zu präzisieren, anschließend einen Überblick über verschiedene Lösungswege zu gewinnen und schließlich diese Möglichkeiten zu bewerten.

1. Schritt 1: Absicherung und ggf. Präzisierung oder Abänderung des Ziels

Mit Zielen haben wir uns bereits in der Orientierungsphase befasst. Susi Sausewind hatte das Ziel angegeben, Hinweise zu erhalten, was sie in dieser Situation überhaupt tun kann. Gilt dieses Ziel noch? Oder hat es sich geändert? Ist es vielleicht jetzt nur ihr Handlungsziel, auf jeden Fall die Stelle zu behalten, und will sie dann Wege aufgezeigt bekommen, was sie hier tun kann? Das heißt, es ist jetzt abzusichern, ob das ursprüngliche Ziel noch gilt, ob es zu präzisieren, zu ergänzen oder möglicherweise völlig neu zu formulieren ist. Sie haben dafür verschiedene Möglichkeiten:

- **Die ursprünglichen Ziele nochmals in den Blick nehmen**: Gilt das Ziel des Gesprächs noch? Oder sind hier Korrekturen erforderlich? Nennen Sie das ursprüngliche Ziel nochmals, und lassen Sie Ihrem Gesprächspartner Zeit, darüber nachzudenken
- **Selbst das nächste Ziel (Teilziel) vorschlagen**: Gerade in komplexen Situationen kann es hilfreich sein, zunächst ein erstes Teilziel festzulegen. Möglicherweise ist es hilfreich, mit einem Teilproblem zu beginnen. So könnte der Anwalt im Beispiel von Susi Sausewind vorschlagen, zunächst die finanzielle Situation zu klären, oder sich einen groben Überblick über verschiedene Vorgehensweisen zu verschaffen, anschließend eine Entscheidung zu treffen und in einem dritten Schritt das genauere Vorgehen abzuklären.

- **Den Gesprächspartner nach dem nächsten (Teil)-Ziel fragen**: Sie können direkt fragen: „Im Blick auf diese Situation: Was sollten wir als erstes Ziel weiterverfolgen?" Wenn sich verschiedene mögliche Ziele ergeben, kann es hilfreich sein, sie zu nennen und dann den Gesprächspartner entscheiden zu lassen.
- **Das gemeinsame Verständnis hinsichtlich der Ziele absichern**: Das ist insbesondere für Vertragsverhandlungen oder auch bei der Mediation (wir kommen später noch darauf zurück) hilfreich. Gemeinsame Ziele schaffen eine gemeinsame Basis – und es ist leichter, unterschiedliche Auffassungen im Blick auf diese gemeinsame Basis zu schaffen, als lediglich verschiedene Positionen einander gegenüber zu stellen. Von daher überlegen Sie selbst: Was kann ein gemeinsames Ziel sein – oder (wenn es bereits in der Orientierungsphase vereinbart wurde) sichern Sie nochmals die Zustimmung zu diesem Ziel oder diesen Zielen ab.

2. Schritt 2: Sammlung von Lösungsmöglichkeiten

Sicher kennen Sie das aus Diskussionen: Ein Teilnehmer hat eine Idee – und sofort stürzen sich drei andere darauf und betonen, dass das Vorgehen juristisch nicht haltbar, zu teuer, nicht realisierbar sei oder man das Gleiche ohnehin schon ohne Erfolg versucht habe. Ein solches Vorgehen ist jedoch nichts anderes als ein „Ideenkiller": Es führt dazu, dass Ideen vorschnell verworfen werden und man überhaupt nicht dazu kommt, verschiedene Lösungswege in den Blick zu nehmen. Eine Alternative dazu sind die sog. „Brainstorming-Regeln", die ursprünglich von Osborne im Rahmen von Kreativitätstechniken entwickelt wurden und mittlerweile zum Standardrepertoire von Moderationen gehören:

Erst Lösungsmöglichkeiten sammeln, ohne sie zu bewerten:

- Lösungsmöglichkeiten erfragen oder selbst einbringen
- Alle Ideen (auch „verrückte" Ideen) sind erlaubt
- Es ist erlaubt nachzufragen, an was der Betreffende dabei denkt – aber Ideen dürfen (in dieser Phase) nicht diskutiert und bewertet werden
- Lösungsmöglichkeiten aufschreiben – damit bleiben sie gegenwärtig!

Grundsätzlich haben Sie hier verschiedene Möglichkeiten:

- **Sie als Experte können Möglichkeiten nennen**: Bei juristischen Themen liegt dieses Vorgehen nahe. Sie haben die Übersicht über die verschiedenen Möglichkeiten – und es schafft für Ihren Mandanten Entlastung zu hören, dass die Situation nicht ausweglos ist, sondern dass ihm verschiedene Möglichkeiten offenstehen. Hilfreich ist, das jeweilige Vorgehen konkret zu beschreiben, vielleicht an einem Beispiel zu erläutern. Hilfreich ist ebenfalls, Ihrem Gesprächspartner die Möglichkeit zu geben, Verständnisfragen (aber nur

Verständnisfragen) zu stellen: „Ist Ihnen das Vorgehen dabei klar?" Hilfreich ist auch, dabei auf die Körpersprache des Mandanten zu achten: Signalisiert die Körpersprache, dass der Mandant die Idee verstanden hat, oder signalisiert sie Unverständnis? Dann ggf. dies direkt ansprechen: „Ich sehe bei Ihnen noch eine zweifelnde Miene. Ist noch etwas dabei unklar?" Wichtig ist jedoch dabei, dass dieses Nachfragen nicht in eine Diskussion führt. Es geht nicht darum, Vor- und Nachteile zu diskutieren, sondern Ideen zu sammeln

- **Den Gesprächspartner nach seinen Ideen fragen**: Auch das kann in verschiedenen Situationen hilfreich sein. Möglicherweise hat Ihr Gesprächspartner noch weitere Ideen. Oder Sie fragen ihn, an welche Möglichkeiten er bislang gedacht hat. Übrigens ist das ein Vorgehen, das vor allem in Beratungsgesprächen (wir kommen in Kap. 2 noch ausführlicher darauf zurück) hilfreich ist, wo besonderes Gewicht darauf gelegt wird, das implizite Wissen des Gesprächspartners zu nutzen.
- **In einem gemeinsamen Brainstorming Ideen sammeln**: Vielleicht kennen Sie das von gemeinsamen Besprechungen. Gemeinsam kann man relativ schnell verschiedene Ideen entwickeln. Ein Teilnehmer bringt eine Idee ein, ein anderer greift sie auf, entwickelt sie weiter, es entsteht eine weitere Idee. So kann man den sog. „Gruppenvorteil" (den Vorteil, den beim Brainstorming eine Gruppe gegenüber einem einzelnen bietet) nutzen, um in kurzer Zeit eine Fülle von Lösungsmöglichkeiten zusammen zu tragen.

Übrigens gibt es auch Situationen, in denen man sich als Experte auf eine Lösungsmöglichkeit beschränkt: „An Ihrer Stelle würde ich folgendermaßen vorgehen...". Das ist durchaus legitim und kann vor allem in Situationen hilfreich sein, in denen Sie über umfangreiches Fachwissen und auch umfangreiche Erfahrung verfügen. Aber trotzdem Vorsicht dabei: Die Gefahr ist, dass dabei der Blick eingeschränkt wird und Ihnen andere, möglicherweise noch elegantere Lösungsmöglichkeiten überhaupt nicht mehr in den Blick kommen. Zum anderen muss das, was für Sie passend wäre, nicht das sein, mit dem Ihr Gesprächspartner etwas anfangen kann. Möglicherweise traut er sich ein solches Vorgehen überhaupt nicht zu – dann ist es hier Ihre Aufgabe, andere Möglichkeiten oder Varianten Ihres Vorgehens zu entwickeln.

Entscheidend ist in allen Fällen, dass es gelingt, die Brainstorming-Regeln einzuführen und durchzusetzen. Das ist nicht immer leicht. Wenn Sie die Steuerung des Gespräches in der Hand haben, können Sie diese Regeln deutlich einbringen und ihre Einhaltung durchsetzen Manchmal müssen sie einen Gesprächspartner auch deutlich anhalten, wenn er wieder einmal anfängt, Ideen zu diskutieren. Andererseits müssen Sie auch die Ideen, die Sie einbringen, durchsetzen, und ein mögliches Zerreden verhindern. Aber auch, wenn Sie nur Teilnehmer in einer Besprechung sind, können Sie die Brainstorming-Regeln vorschlagen: „Könnten wir nicht alle Ideen zunächst einmal sammeln und erst in einem weiteren Schritt bewerten?". Meist wird ein solcher Vorschlag auch von anderen unterstützt – und gegebenenfalls können Sie sich ja bereit erklären, die Vorschläge auf Flipchart, auf Whiteboard oder mit Hilfe des Beamers zu sammeln. Die Visualisierung verhindert, dass man sich im Kreis bewegt und dieselbe Idee mehrmals diskutiert. Man kann auf einen Blick sehen, welche Möglichkeiten man schon entwickelt hat.

Kehren wir nochmals zu Susi Sausewind zurück. Sie hat hier etwa folgende Möglichkeiten:

- Sie kann versuchen mit gerichtlicher Hilfe durchzusetzen, dass sie in ihrer Stelle bleibt.
- Sie kann die Kündigung akzeptieren und versuchen, eine Abfindung zu bekommen
- Sie als Anwalt könnten dem Personalchef einen Brief schreiben
- Susi Sausewind kann versuchen, selbst mit dem Personalchef zu sprechen mit dem Ziel, dass beide zu einer Einigung kommen
- Sie als Anwalt könnten versuchen, ein Gespräch mit Susi Sausewind und dem Personalchef zugleich zu führen mit dem Ziel, dass beide zu einer Einigung gelangen.

Sie können abschließend diese Ideensammlung (sie ließe sich sicherlich noch ergänzen) zu „würdigen“: Sie macht deutlich, dass die Situation für Susi Sausewind keineswegs ausweglos ist, sondern dass sei eine Reihe von Handlungsmöglichkeiten hat – übrigens ist das eine Erfahrung, die man häufig nach solchen Brainstorming-Runden macht: Sie zeigt auf, dass es immer mehrere Handlungsmöglichkeiten gibt.

3. Schritt 3: Bewertung von Lösungsmöglichkeiten

Bleiben wir bei dem Beispiel von Susi Sausewind: Jede der Alternativen hat vermutlich Vor- und Nachteile:

- Wenn Susi Sausewind ihre Stelle auf der Basis einer Kündigungsschutzklage behält, besteht das Risiko, dass das Arbeitsklima in Zukunft nicht erfreulich sein wird.
- Bei der zweiten Möglichkeit ist sie ihren Arbeitgeber los – doch wird sie eine andere Stelle finden?
- Wenn Sie als Anwalt dem Personalchef einen Brief schreiben, so kann das möglicherweise einen Anstoß geben, aber es ist auch möglich, dass sich der Personalchef schon allein deshalb weigert, die Kündigung zurückzunehmen, weil Susi einen Anwalt eingeschaltet hat.
- Ob ein Gespräch zwischen Susi Sausewind und dem Personalchef Erfolg haben wird, lässt sich schwer von außen sagen. Das hängt entscheidend davon ab, ob Susi Sausewind das überhaupt will, ob sie es sich zutraut und über entsprechendes kommunikatives Geschick verfügt. Im vorliegenden Fall spricht einiges dafür, dass das Gespräch zwischen Susi und Herrn Meier keinen Sinn macht. Sie hält ihn für kleinkariert und ein wirkliches A.... Sie verübelt ihm, dass er sie vor ihren Kolleginnen bloßgestellt hat. Aber letztlich ist das eine Entscheidung, die nicht von außen zu treffen ist, sondern die nur Susi Sausewind selbst fällen kann.

- Das Gespräch mit Susi Sausewind und dem Personalchef könnte möglicherweise für alle eine Win-Win-Situation werden – vorausgesetzt, Herr Meier lässt sich darauf ein und Sie lassen sich darauf ein. Allerdings ist hier zu bedenken, dass die Kündigung binnen drei Wochen nach Zugang mit der Kündigungsschutzklage angefochten sein muss, wenn sie nicht wirksam werden soll. Ob innerhalb dieser kurzen Zeit eine außergerichtliche Einigung zu erreichen sein wird, ist fraglich.

Dieses Beispiel macht deutlich, dass auch die Bewertung von Alternativen aus zwei unterschiedlichen Perspektiven möglich ist:

- **Aus Sicht des Experten**, der auf der Basis seiner Fachkenntnis Chancen und Risiken der verschiedenen Möglichkeiten beurteilen kann Wenn Sie als Anwalt selbst aktiv werden, müssen Sie darüber hinaus entscheiden, ob Sie sich auf eine bestimmte Vorgehensweise einlassen können.
- **Aus Sicht Ihres Gesprächspartners**: Letztlich kann nur Susi Sausewind beurteilen, ob sie sich ein Gespräch allein mit dem Personalchef zutraut. Nur sie kann eine Einschätzung im Blick auf ihre persönliche Situation geben, im Blick auf ihre Einstellungen, mögliche Ängste und ihre Fähigkeiten, ggf. auch im Blick auf andere Personen, deren Reaktionen sie besser kennt als der Berater von außen.

Hilfreich ist auch hier wieder, beide Einschätzungen nebeneinander stehen zu lassen. Es wäre wenig hilfreich, wenn Sie als Anwalt Susi Sausewind zu überreden suchten, doch eine Kündigungsschutzklage einzureichen. Aber das ist unabhängig von Ihrer Einschätzung als Experte.

Auch in anderen Gesprächssituationen ist es hilfreich, beide Einschätzungen nebeneinander stehen zu lassen. In Besprechungen mit mehreren Teilnehmern kann man möglicherweise das Verfahren vereinfachen: Jeder Teilnehmer kennzeichnet die Varianten, bei denen er Probleme sieht, anschließend können die wichtigsten Punkte diskutiert werden.

VI. Die Abschlussphase

Auch das kennen Sie sicherlich aus eigener Erfahrung: Ein Thema wird möglicherweise stundenlang diskutiert – aber man kommt zu keinem Ergebnis. Und im daran anschließenden Gespräch beginnt die Diskussion von neuem. Dem gegenüber gilt:

Jedes Gespräch benötigt einen eindeutigen Abschluss:

- **Was ist das Ergebnis: Was ist erreicht? Was ist noch offen?**
- **Was sind die nächsten Schritte?**

Bleiben wir bei dem Beispiel von Susi Sausewind: Sie tendiert dazu, die Kündigung anzunehmen – letztlich hat sie sich schon immer gewünscht, zusammen mit ihrem Freund eine Boutique aufzumachen. Aber Sie möchte die Kündigung anfechten lassen – möglicherweise um damit eine gute Basis für eine Abfindung zu schaffen. Damit sind die nächsten Schritte klar: Die Kündigungsschutzklage wird vorbereitet und eingereicht; es wird abgewartet, wie der Personalchef reagiert, anschließend setzen sich Susi Sausewind und ihr Anwalt wieder zusammen und überlegen das weitere Vorgehen. An diesem Beispiel werden die beiden Schritte der Abschlussphase deutlich:

1. Schritt 1: Formulierung des Ergebnisses

Wie sich Susi Sausewind entscheidet, ist letztlich Ihre Entscheidung. Sie können ihr die Entscheidung nicht abnehmen, sondern nur fragen, zuhören, paraphrasieren d.h. sie bei diesem Entscheidungsprozess unterstützen. In anderen Situationen sind auch Sie betroffen – und Sie müssen sich fragen, was Sie als Ergebnis nehmen. Daraus ergeben sich folgende Möglichkeiten:

- **Fragen Sie Ihren Gesprächspartner, was für ihn das Ergebnis ist**: Das gilt insbesondere für Situationen, in denen Sie nicht „betroffen" sind – also zum Beispiel für das Gespräch mit Susi Sausewind. Sie muss die Entscheidung treffen. Sie können hier nur fragend unterstützen: „Was ist Ihnen klar geworden?" „für welches Vorgehen entscheiden Sie sich?", „ist der Vorschlag Ihres Anwalts für Sie plausibel?", „haben Sie eine Lösung gefunden, mit der Sie zufrieden sind – oder hatten Sie sich etwas anderes erhofft?". Ihre Rolle ist in diesem Fall wieder die es Zuhörers: dem anderen Zeit lassen, das Ergebnis zu durchdenken, zuhören, möglicherweise Fragen stellen, zusammenfassen. Auch wenn keine Lösung gefunden wird oder der Mandant sich als Ergebnis etwas anderes erhofft hat, ist das als Ergebnis zu formulieren: „Ich kann mir vorstellen, dass Sie sich eine andere Lösung erhofft haben. Was bedeutet es für Sie, dass die Situation so ist?" In diesem Fall wird in der Abschlussphase möglicherweise ein neues Thema aufgegriffen: Was macht der Mandant damit, dass er ein bestimmtes Problem nicht lösen oder ein bestimmtes Ziel nicht erreichen kann? Möglicherweise besteht die Lösung darin, sich eben auf diese Situation einzustellen: Wenn der Mandant weiß, dass er bestimmte Wünsche, Vorstellungen oder Ansprüche nicht durchsetzen kann, dann muss er sich darauf einstellen. Aufgabe des Beraters ist hier, den Mandanten dabei zu unterstützen, die Situation gedanklich zu verarbeiten.
- **Formulieren Sie für sich Ihr Ergebnis**: Das gilt für Situationen, in denen Sie selbst (mit) betroffen sind. Sie möchten etwas erreichen. Dann ist es Ihre

Aufgabe, das Ergebnis zu formulieren: Sind Sie mit dem Erreichten zufrieden? Können Sie es akzeptieren? Wo sollte nochmals nachgedacht werden?

- **Formulieren Sie ein gemeinsames Ergebnis, auf das sich alle Beteiligten einlassen können**: Das ist in der Regel das Ergebnis von gemeinsamen Besprechungen wie Vertragsverhandlungen, in denen jeder „betroffen" ist. Machen Sie deutlich, was erreicht ist, was noch offen ist: „Aus meiner Sicht sind wir deutliche Schritte weitergekommen. Einig sind wir uns in folgenden Punkten..., offen sind noch folgende Fragen...". Gerade bei komplexen Themen wird nie auf Anhieb ein Ergebnis erzielt, dem alle zustimmen. Aber wichtig ist, dass es vorwärts geht. Möglicherweise kann das Ergebnis auch eine Übersicht über die unstrittigen und die strittigen Punkte eines Vertragswerks sein, oder eine Art „erster Lesung". Aber achten Sie darauf, dass ein Ergebnis erreicht wird.

2. Schritt 2: Entwicklung des Maßnahmenplans

Sinnvollerweise endet ein Gespräch mit einem konkreten Maßnahmenplan: sei es, dass Sie als Anwalt bestimmte Aufgaben übernehmen, sei es, dass Ihr Gesprächspartner das tut. Diese Maßnahmen müssen abschließend zusammengefasst und vereinbart werden. Vereinbart heißt: alle Beteiligten (Sie und Ihr Gesprächspartner, soweit sie jeweils davon betroffen sind) müssen zustimmen. „Ist das Vorgehen so für Sie in Ordnung?", „Können Sie sich darauf einlassen?" Aber auch: „Kann ich mich darauf einlassen?". Es kann durchaus hilfreich sein, sich als Anwalt eben diese Frage explizit zu stellen und die eigene Zustimmung auch explizit gegenüber dem Mandanten zu äußern.

Hilfreich ist, diese Maßnahmen zu visualisieren – sei es auf einem Flipchart, sei es, dass die Maßnahmen protokolliert und an die Beteiligten verteilt werden. Hilfreich ist dabei die Form der To-do-Liste:

Nr.	Was ist zu tun?	Wer mit wem?	Bis wann?	Bemerkungen

Es ist kaum etwas unbefriedigender als ein Gespräch ohne Ergebnis. Das kann manchmal durchaus schwierig sein, insbesondere dann, wenn sich eine Thematik als schwieriger und komplexer herausstellt, als ursprünglich angenommen. Trotzdem gilt, dass auch ein solches Gespräch eine Abschlussphase benötigt. Das heißt im Einzelnen:

- **Ca. 10 bis 15 Minuten vor Ende der vereinbarten Zeit in die Abschlussphase wechseln – gleichgültig, wie weit man bei der Behandlung des Themas gekommen ist.**
- **Das erreichte Ergebnis zusammenfassen: Was ist geklärt, welche Fragen sind noch offen?**

- **Überlegen, was Schritte für das weitere Vorgehen sein können: „Was können wir tun, um bei dieser Thematik weiter zu kommen?“**
- **Die nächsten Schritte notieren und durch Kontrakte absichern.**

Die Abschlussphase kann dann zugleich den Anknüpfungspunkt für das nächste Gespräch bieten: Als Ausgangspunkt ist dann zu klären, was sich aus den Vereinbarungen ergeben hat. Was wurde erledigt, was nicht? Warum sind bestimmte Sachen nicht erledigt? Was sind die nunmehr anstehenden Themen?

Sie haben mit diesem Teil gleichsam die Grundstruktur, die Sie letztlich auf jedes Gespräch – seien es Gespräche mit Mandanten, mit dem gegnerischen Anwalt, aber auch Themen, in denen Sie selbst betroffen sind – anwenden können. Sicher werden Sie je nach der Situation das eine oder das andere abwandeln (wir kommen in den folgenden Kapiteln noch ausführlicher darauf zu sprechen). Aber die Grundstruktur bleibt gleich: Stets geht es letztlich darum, Probleme zu lösen. Im Blick darauf sind Ziel, Ausgangssituation und mögliche Lösungen zu klären, eine Entscheidung zu treffen und Maßnahmen zu planen – letztlich nichts anderes besagt die Gliederung in die vier Phasen Orientierungsphase, Klärungsphase, Lösungsphase und Abschlussphase.

Kapitel 2: Beratungsgespräche

Beratung ist genuine Aufgabe von Juristen: Die Rechtsberatung ist reglementiert und zwar zum einen durch das Gesetz über außergerichtliche Rechtsdienstleistungen (Rechtsdienstleistungsgesetz - RDG), das festlegt, welcher Personenkreis Rechtsberatung betreiben darf, und zum anderen durch Regelungen zur ordnungsgemäßen Art der Rechtsberatung, die sich in der Berufsordnung der Rechtsanwälte und den Berufsregeln der Rechtsanwälte der Europäischen Union finden. Rechtsberatung ist die mündliche oder schriftliche Unterrichtung des Rechtssuchenden über die Rechtslage in einem Einzelfall und über die zu ergreifenden Maßnahmen bei der Durchsetzung seiner Rechte, sie ist ein Unterfall der Rechtsbesorgung und als solche grundsätzlich – heute mit einigen Ausnahmen durchsetzt – bestimmten Personengruppen wie z.B. Rechtsanwälten und Notaren und im Übrigen grundsätzlich nur Inhabern einer entsprechenden Erlaubnis nach Registrierung gestattet.

Beratung ist aber auch mehr als bloße Information über eine Rechtslage. Beratung, so eine klassische Definition, ist „Hilfe zur Selbsthilfe". Beratung bedeutet, eine andere Person zu unterstützen, die Situation klarer zu sehen und auf dieser Basis neue Möglichkeiten zu finden. Das ist mehr als bloße Information.

Verdeutlichen wir diesen Unterschied am Beispiel von Susi Sausewind. Wenn Sie Susi Sausewind lediglich darüber informieren, ob die Kündigung rechtens ist oder nicht, dann ist das noch keine Beratung.

Doch dahinter steht eine ganze Reihe weiterer Fragen: Zum Beispiel die primär relevante Frage, was Susi Sausewind überhaupt will. Will sie ihre Stelle behalten oder will sie ohnehin kündigen und nutzt die Situation als einen willkommenen Anlass. Oder will Sie es ihrem Chef einfach zeigen und ist das ein sinnvoller Ansatz? Möglicherweise ist Susi Sausewind sich selbst überhaupt nicht klar darüber, was sie eigentlich will.

Eben hier setzt Beratung an: Susi Sausewind ist dabei zu unterstützen, sich selbst über die Situation klar zu werden, möglicherweise ihren ersten Ärger einzudämmen, sich klar zu werden, was sie letztlich erreichen möchte und im Anschluss gemeinsam mit ihr mögliche Wege zur Erreichung des Ziels auszumachen. Das ist Beratung!

Beratung ist seit der zweiten Hälfte des 20. Jahrhunderts in unterschiedlichen Lebensbereichen zunehmend wichtiger geworden. Entstanden ist sie Mitte des 20. Jahrhunderts in der Sozialpädagogik aus der Einsicht heraus, dass es wenig effektiv ist, Klienten in der Sozialarbeit lediglich Probleme abzunehmen, sondern dass es wirkungsvoller und nachhaltiger ist, sie zu unterstützen, selbst Probleme zu lösen. Mittlerweile ist Beratung immanenter Bestandteil von zahlreichen Lebensbereichen. Das reicht von der Ehe- und Familienberatung über die betriebswirtschaftliche Beratung und Organisationsberatung bis hin zur IT-Beratung. Dabei hat sich mittlerweile auch ein im Wesentlichen gemeinsames Beratungsverständnis herauskristallisiert. Hierzu zunächst zwei gängige Definitionen:

- »Beratung ist eine kurzfristige, soziale Interaktion zwischen Ratsuchenden und Beratenden, bei der dem Ratsuchenden Unterstützung zur Bewältigung seines Problems angeboten wird. Sowohl bei lebenspraktischen Fragen als auch in psychosozialen Krisen erarbeiten Ratsuchende und Beratende gemeinsam kognitive, emotionale und praktische Problemlösungen« (Schwarzer/Buchwald 2006, 578).

- »Ein zentrales Beratungsziel ist, dem Ratsuchenden zu helfen, mit seinem Problem selbst fertig zu werden" (Bachmair u.a. 1989, 21).

Daraus ergeben sich folgende Merkmale von Beratung, die auch für juristische Beratung relevant sind:

- **Beratung als Unterstützung bei der Lösung von Problemen**: Als Berater unterstützen Sie Susi Sausewind dabei, sich selbst über ihre Ziele klarzuwerden. Das kann heißen, sie zu unterstützen,
  - sich über ihre Ziele klar zu werden: Was möchte sie überhaupt erreichen, nicht selten ist die Klärung der Ziele ein entscheidender Schritt der Problemlösung
  - sich über ihre Situation klar zu werden: Wo genau liegen die Probleme? Handelt es sich bei Susi Sausewind um das Problem der Kündigung oder sind es letztlich vielleicht ganz andere Probleme, wie zum Beispiel, dass Susi Sausewind sich bei diesem Arbeitgeber nicht wohl fühlt oder…
  - sich über verschiedene Möglichkeiten klar zu werden: Ist die Kündigung die einzige Möglichkeit oder gibt es vielleicht noch andere Wege, die ihr bislang überhaupt nicht in den Sinn gekommen sind?
  - sich über die nächsten Schritte klar zu werden: Was ist der nächste Schritt? Will Susi Sausewind ihn überhaupt gehen? Welche Schritte sind zur Erreichung des Ziels alternativlos?

  Dabei wird bereits deutlich: die Struktur des Beratungsgesprächs ist die im vorigen Kapitel dargestellte allgemeine Gesprächsstruktur. Nur liegt hier der Fokus auf einer anderen Stelle als in manchen anderen Gesprächen. Auch wenn Sie etwas durchsetzen möchten, geht es um die Lösung von Problemen. Aber dabei spielt ihre Sichtweise die entscheidende Rolle. Wenn es darum geht, Susi Sausewind zu beraten (und beraten ist dann mehr, als ihr lediglich Informationen über die Rechtslage zu geben), dann steht Ihre Meinung im Hintergrund. Ihre Aufgabe ist es, Susi Sausewind zu unterstützen, für sich die Situation zu klären. Daraus ergeben sich weitere Merkmale von Beratung:

- **Beratung als Unterstützung bei der Lösung von Problemen kann fachliche Expertenberatung oder „personale" Beratung sein**:
  - **Expertenberatung** bedeutet, dass ein Experte einem Ratsuchenden Informationen und Anregungen gibt: Ein IT-Experte berät ein Unternehmen bei der Einrichtung eines Call-Centers, ein Finanzberater ein Start-Up-Unternehmen.
  - Beratung kann aber auch etwas anderes sein: Ein Eheberater kann sich nicht darauf beschränken, gute Ratschläge zu geben oder den Partnern die Rechtslage zu erklären. Noch deutlicher: Gut gemeinte Ratschläge werden in dieser Situation nicht das Mittel sein, das den Ehepartnern weiterhilft. Ein

versierter Eheberater wird sein Hauptaugenmerk darauf legen, zuzuhören und nachzufragen, er wird die Ehepartner dabei unterstützen, sich selbst über ihre Situation klar zu werden. Er wird sie dabei unterstützen, Ziele und mögliche Vorgehensweisen zu klären. Das aber ist eine ganz andere Form als die fachliche Expertenberatung. Es ist eine **personale Beratung**, die nicht darin besteht, Ratschläge zu geben, sondern darin, den oder die Ratsuchenden durch geeignete Fragen, durch Zuhören und Verdeutlichen dabei zu unterstützen, sich selbst über die Situation klar zu werden und selbst neue Lösungen zu entwickeln. Ein Eheberater benötigt demzufolge auch weniger „Fachwissen", sondern vor allem Beratungskompetenz: die Fähigkeit zuzuhören, die richtigen Fragen zu stellen, den Klienten zu helfen, ihre Situation realistisch einzuschätzen, Konflikte zwischen Klienten abzubauen usw.

Traditionell war betriebswirtschaftlich oder technisch ausgerichtete Beratung vorwiegend Expertenberatung. Beratung in der Tradition der Sozialwissenschaften (Psychologie, Pädagogik) wurde dagegen häufig oder ausschließlich als personale Beratung verstanden. Beides ist problematisch:

- Bei reiner Expertenberatung besteht die Gefahr, dass die Lösung nicht für den Klienten oder für seine besondere Situation passt. Man kennt diese Situation aus der Praxis: Ein guter Freund verteilt gerne Ratschläge. Aber gut gemeinte Ratschläge sind keineswegs immer hilfreich, sondern in vielen Fällen eher aufdringlich. Ratschläge sind genau dann nicht hilfreich, wenn sie nicht für die konkrete Situation und den Ratsuchenden passen.
- Andererseits ist reine personale Beratung in vielen Situationen ebenso problematisch. Von einem IT-Spezialisten erwartet man konkrete Empfehlungen, ebenso von einem Anwalt bei rechtlichen Fragen.

Rechtsberatung hat sich traditionell ausschließlich oder vorwiegend als fachliche Expertenberatung verstanden. Nun erwarten Mandanten zweifelsohne in der Rechtsberatung Informationen („Expertenberatung") über die rechtliche Situation, über ihre rechtlichen Möglichkeiten, über mögliche oder wahrscheinliche Konsequenzen und insbesondere über Erfolgsaussichten von zu ergreifenden Maßnahmen. Aber Rechtsberatung darf nicht ausschließlich Expertenberatung sein. Um mit ihrem Problem fertig zu werden, braucht Susi Sausewind zunächst etwas anderes als Informationen über Möglichkeiten einer Kündigungsschutzklage. Sie muss sich zunächst einmal beruhigen, sie muss dazu gebracht werden, die Situation zusammenhängend zu schildern. Nur so ist im Anschluss auch zu klären, was Susi überhaupt will. Erst wenn diese ersten Schritte gemacht sind, ist es möglich, mit ihr die verschiedenen rechtlichen Möglichkeiten und damit auch weitere Schritte zu durchdenken.

Gute Rechtsberatung muss sowohl Experten- als auch personale Beratung sein: Der Berater gibt als Experte Hinweise zu der bestehenden Situation, muss jedoch zugleich auch auf den Mandanten als Person eingehen, ihn dabei unterstützen, die Situation zu klären, seine Ziele zu bestimmen und das für ihn passende Vorgehen zu wählen.

- **Beratung bedeutet Unterstützung bei der Lösung von Problemen, darf dem Mandanten die Entscheidung aber nicht abnehmen**: Als Berater geben

Sie keine Anweisungen. Sie raten Susi Sausewind beispielsweise nicht, dass sie gegen die Kündigung klagen muss.

Der schlechte Ruf, den Juristen genießen, mag darauf zurückzuführen sein, dass dies nicht immer ausreichend berücksichtigt wird. Die Entscheidung, ob ein bestimmter Vertrag geschlossen wird oder nicht, muss der beratene Unternehmer treffen. Es ist nicht die Aufgabe des beratenden Juristen, diese Entscheidung zu fällen. Selbst wenn der Vertrag noch so windig, noch so gefährlich ist, bleibt die Aufgabe des Juristen die Risiken darzustellen und Handlungsempfehlungen auszusprechen, es steht ihm aber nicht zu, die Entscheidung an sich zu reißen. Hier ist Selbstbeschränkung geboten.

- **Beratung erfordert professionelle Distanz und „Neutralität"**: Dies sollte für Juristen im Bereich der Rechtsberatung selbstverständlich sein, gilt jedoch auch in vielen anderen Berufszweigen. Insbesondere im Fall der Eheberatung: Wenn ein Eheberater zu sehr mit seinem Klienten „mitfühlt", verliert er die Distanz und dadurch seine Position und Bedeutung als außenstehender „Beratungsexperte". Für den Anwalt gilt: Natürlich ist er Interessenvertreter seines Mandanten, der nur (einseitig) dessen Interessen und nicht etwa die Interessen der Gegenseite vertritt. Trotzdem benötigt er Distanz zu und Unabhängigkeit von seinem Mandanten:
  - Als Berater muss ich zunächst überlegen, ob ich mit diesem Mandanten arbeiten kann. Kann ich ihn unterstützen? Oder gibt es mögliche Vorurteile, verdeckte Konflikte, die mich daran hindern könnten? Eine Beraterin, die ihren Klienten ablehnt oder von ihm abgelehnt wird, verliert ihre professionelle Distanz. Sie kann nicht mehr unbefangen an den Problemen des Klienten arbeiten.
  - Als Berater darf ich keine Lieblingslösung haben, die ich meinem Mandanten zu verkaufen suche. Ich darf nicht versuchen, meine eigenen Interessen durchzusetzen.
  - Als Berater muss ich schließlich auch akzeptieren können, dass meine Vorschläge abgelehnt werden. Wenn sich der Mandant entscheidet, einen Vertrag zu unterschreiben, den ich für höchst problematisch halte, kann ich ihn auf Risiken hinweisen und Alternativen vorschlagen. Die finale Entscheidung bleibt aber immer dem Mandanten vorbehalten.

  Diese Distanz gilt aber auch für andere Beratungssituationen: Versuchen Sie einmal den gegnerischen Anwalt oder jemanden, mit dem Sie selbst im Konflikt sind, zu „beraten". Es ist offenkundig, dass das unmöglich ist. Einen Mitarbeiter oder eine Mitarbeiterin können Sie möglicherweise beraten („coachen": wir kommen in Kap. 5 nochmals darauf zurück), aber nicht dann, wenn Sie sich über ihn ärgern oder etwas durchsetzen möchten. In beiden Situationen würde Ihnen die professionelle Distanz fehlen.

- **Beratung ist professionelles Handeln**: Dies ist das abschließende Merkmal von Beratung. Beratung ist kein „Irgendwie-miteinander-Reden", sondern ist ein professionelles Vorgehen. Dabei ist Professionalität in doppelter Hinsicht gefordert:
  - Zum einen als fachliche Professionalität: Das ist in der Regel der unkritische Teil. Ein juristischer Berater benötigt juristische Fachkompetenz, ebenso wie ein IT-Berater fachliche IT-Kompetenz.

- Zum anderen aber auch Professionalität hinsichtlich der Struktur der Beratung: Das bedeutet zu wissen, wie ich den Beratungsprozess strukturiere, die „richtigen“ Fragen im Rahmen von personaler Beratung stelle, zu wissen, wann Expertenberatung, wann Prozessberatung angesagt ist: All das erfordert eine eigene Beratungskompetenz, die nicht mal gerade nebenher erworben werden kann, sondern in der Regel einer zusätzlichen Ausbildung, zumindest intensiver Übung bedarf.

Dabei ist die Grundstruktur des Beratungsprozesses verhältnismäßig einfach: Wenn es in der Beratung darum geht einen Mandanten dabei zu unterstützen, selbst Probleme zu lösen, dann ergibt sich auch für das Beratungsgespräch die in Kap. 1 dargestellte Grundstruktur:

- Es gibt eine Orientierungsphase, in der Thema und Ziel festgelegt werden
- Es gibt eine Klärungsphase, die hier aber insbesondere dazu dient, den Gesprächspartner (den Mandanten) darin zu unterstützen, sich selbst über die Situation klar zu werden.
- Es gibt eine Lösungsphase, in der verschiedene Möglichkeiten gesammelt und im Blick auf Vor- und Nachteile bzw. Chancen und Risiken bewertet werden.
- Es gibt schließlich eine Abschlussphase, in der das Ergebnis festgemacht und ein Handlungsplan für die nächsten Schritte erstellt wird.

Im Grunde wurden in Kap. 1 auch bereits die für ein Beratungsgespräch in den einzelnen Phasen erforderlichen Vorgehensweisen vorgestellt. Insbesondere im Beratungsgespräch geht es darum, das Ziel des Gesprächs (in diesem Fall: des Beratungsgesprächs) zu klären, die „richtigen“ Fragen zu stellen, mögliche Lösungen zu sammeln. Aber die Intention ist deutlicher als in manch anderen Gesprächen auf den Gesprächspartner ausgerichtet: Es geht darum, ihn dabei zu unterstützen, eine neue Lösung zu finden. Und das bedeutet, dass sich der Fokus verschiebt, dass auch manche Teile mehr beachtet werden müssen, während andere (z.B. die Darstellung der eigenen Sichtweise), mehr in den Hintergrund treten. Im Folgenden sollen die einzelnen Phasen (analog zur Gliederung in Kap. 1) wieder der Reihe nach dargestellt werden, wobei wir uns im Wesentlichen auf die Besonderheiten des Beratungsgesprächs beschränken.

I. Die Vorbereitung des Gesprächs

Wie bei jedem Gespräch gilt es auch hier, sich auf den Inhalt vorzubereiten, sich auf den Gesprächspartner einzustellen, den Gesprächsraum vorzubereiten. Letzteres ist besonders wichtig: Gerade beim Beratungsgespräch kommt es darauf an, eine ungestörte Gesprächsatmosphäre zu schaffen, d.h. Störungen zu vermeiden, die „passende“ Umgebung zu finden. Beratungsgespräche sind für den Klienten häufig belastender als eine bloße Information – es geht letztlich für ihn in der Beratung immer auch darum, sich mit sich selbst auseinander zu setzen.

Aber entscheidend ist gerade beim Beratungsgespräch die eigene innere Vorbereitung, d.h. sich auf die Rolle als Beraterin oder Berater einzustellen. Dabei geht es nicht darum zu überlegen, was ich in dieser Situation tun würde, sondern es geht darum, den Mandanten dabei zu unterstützen, sich selbst über seine Situation klar zu werden, möglicherweise andere Aspekte der Situation in den Blick zu nehmen, selbst neue Lösungen zu entwickeln.

Carl Rogers, einer der großen Therapeuten des 20. Jahrhunderts, hat in diesem Zusammenhang drei zentrale Faktoren identifiziert, die für den Erfolg in Therapie und Beratung entscheidend sind. Sie gelten letztlich auch für die juristische Beratung:

- **Wertschätzung des Klienten oder Mandanten**: Das heißt, den Mandanten und sein Anliegen ernst nehmen und vor allem, ihn als autonome Person zu akzeptieren, die in der Lage ist, ihre Probleme selbst zu lösen
- **Empathie bzw. Einfühlungsvermögen**: die Fähigkeit, den anderen, seine Ziele, aber möglicherweise auch seine Ängste und Unsicherheiten zu verstehen und ein Stück weit nachzuempfinden
- **Authentizität oder, wie Rogers formuliert, Kongruenz**: Als Berater zu dem stehen, was ich tue, und sich nicht zu verbiegen.

Diese drei grundlegenden Variablen, so Rogers, unterstützen die persönliche Entwicklung, geben dem Gesprächspartner die Möglichkeit, selbst mehr Klarheit zu bekommen und neue Lösungswege in den Blick zu nehmen. In gewisser Hinsicht gelten diese Grundvariablen auch für die juristische Beratung.

Eine gute Möglichkeit, sich die eigene Grundeinstellung bewusst zu machen, besteht in der sog. Selbstinstruktion. Dahinter verbirgt sich die Art und Weise der eigenen Einstellung auf das Beratungsgespräch in etwa dadurch, sich einige Minuten (häufig reichen zwei bis drei Minuten) Zeit zu nehmen und sich selbst innerlich auf die Beratung einzustellen, zum Beispiel mit den folgenden Worten:

> *„Meine Aufgabe als Berater ist, den Gesprächspartner zu unterstützen, für sich die Situation zu klären und die richtige Entscheidung zu treffen“.*

Eine solche Selbstinstruktion (Sie können eine für sie leicht einprägsame Wortwahl vornehmen), die nicht nur vor Beratungsgesprächen zur Anwendung kommen sollte, bestimmt gleichsam Ihre Grundeinstellung, mit der Sie das Gespräch führen – und wir wissen, in welchem Maße der Erfolg des Gesprächs auch von der eigenen Grundeinstellung abhängt.

II. Die Orientierungsphase im Beratungsgespräch

Auch hier gelten im Grunde wieder die Punkte, die wir für Gespräche allgemein zusammengestellt haben:

- **Kontakt zum Gesprächspartner aufbauen**: Dazu gehört die Wahl des Sitzplatzes ebenso wie das Austarieren von Nähe und Distanz (ist der räumliche Abstand zu Ihrem Gesprächspartner zu groß oder zu eng, haben Sie das Gefühl, dass der Abstand passend ist?) oder die „passende" Körperhaltung. Auch hier gilt wieder: das sind keine Punkte, die man bewusst steuert, sondern die unbewusst (auf der Basis ihrer „emotionalen" oder „intuitiven Intelligenz") gesteuert werden. Achten Sie dabei auf das Gefühl: Passen Nähe und Distanz, bin ich zu sehr abgewandt, rücke ich dem Gesprächspartner auf die Pelle?
- **Festlegung des Themas**: Meist braucht Ihr Gesprächspartner etwas Zeit, um zum Thema zu kommen. Lassen Sie ihm die Zeit – es ist die Zeit, die er für sich braucht, noch nicht die Zeit, die Sie benötigen, um die Situation zu klären. Demzufolge ist es auch wenig hilfreich, gleich zu Beginn nachzufragen – lassen Sie Ihrem Gesprächspartner Zeit!
- **Festlegung des Ziels des Beratungsgespräch**: Nicht selten trifft man auf Gesprächspartner, die gleichsam ohne Punkt und Komma erzählen. Führen Sie Ihren Gesprächspartner in diesen Fällen langsam, aber auch nachdrücklich auf das Ziel des Gesprächs: „Was möchten Sie als Ergebnis dieses Gesprächs haben?". Diese Frage klingt trivial, ist aber für den Gesprächspartner ein wichtiger Schritt bei der Problemlösung. Wenn er sich klar darüber wird, was er erreichen möchte, dann ergibt sich daraus die Richtung des weiteren Gesprächs.

  Nicht selten wird Ihr Gesprächspartner dabei Ziele nennen, die weit über das anstehende Gespräch hinausreichen: Das Ziel „ich möchte die Stelle behalten" ist sicherlich nicht nach einer Stunde im Rahmen eines Beratungsgesprächs erreicht. Möglicherweise kann man das Vorgehen dazu absprechen. Das bedeutet aber, dass es sinnvoll ist, zwei Ziele zu unterscheiden:

  – Ein Prozessziel, das der Mandant über längere Sicht in einem längeren Prozess erreichen möchte: Susi Sausewind möchte vielleicht ihre ursprüngliche Stelle wiederhaben, oder ihrem Vorgesetzten eins auswischen. Ein anderes Ziel kann sein, einen möglichst günstigen Vertrag zu bekommen, günstige Bedingungen in einem Scheidungsverfahren herauszuholen, einer Anzeige zu entgehen usw.

  – Davon zu unterscheiden ist das konkrete Beratungsziel, d.h. das konkrete Ziel, das am Ende des Beratungsgesprächs erreicht werden soll. Ziel des ersten Beratungsgesprächs in dem Beispiel von Susi Sausewind wird nicht sein, dass sie wieder ihre Stelle erhält (das ist schwerlich in 90 Minuten zu erreichen), aber vielleicht, dass Möglichkeiten geklärt werden, ihre Stelle wieder zu bekommen oder, dass wichtige Punkte für einen Vertrag abgeklärt werden, dass ein Einspruch vorbereitet wird usw.

  In manchen Fällen kommen Mandanten mit genauen Vorstellungen zum Beratungsziel: Sie wollen Informationen zu der Rechtslage in Ihrer Situation, Möglichkeiten für ein bestimmtes Vorgehen abklären. In anderen Situationen wird ihnen nur das Prozessziel klar sein, und es ist dann Aufgabe des Beraters, das Beratungsziel abzuklären. Oder es ist Ihnen weder Prozess- noch Beratungsziel klar (so könnte es z.B. bei Susi Sausewind sein). Dann ist es möglicherweise ein längerer Prozess, die Ziele zu klären. Möglicherweise verändert sich auch das Ziel nochmals, nachdem die Situation genauer geklärt ist.

Für die Festlegung des Ziels ergeben sich daraus folgende Hinweise:

- **Fragen Sie den Mandanten, was er heute als Ergebnis des Gesprächs erreichen möchte.**
- **Geben Sie als Experte ggf. Vorschläge für das Ziel des heutigen Gesprächs: „Für heute schlage ich Ihnen vor, dass wir zunächst in einem ersten Schritt die Situation klären und dann die weiteren Schritte überlegen."**

- **Klärung der Rolle des Beraters**: Dieser Punkt ist für ein Beratungsgespräch besonders wichtig. Viele Mandanten kommen mit unklaren oder möglicherweise völlig falschen Vorstellungen zum Juristen: Sie wollen eine klare Anweisung, was sie tun sollen – doch eben das ist keine Beratung. Das heißt, es ist Ihre Aufgabe, gegenüber Ihrem Mandanten Ihre Rolle als Berater transparent zu machen: „*Wenn es Ihnen recht ist, würde ich gern mit Ihnen die Situation klären, anschließend sollten wir überlegen, welche Möglichkeiten Sie überhaupt haben und wie Sie weiter vorgehen*". Möglicherweise können Sie das auch von einer bloßen Information über die Rechtslage abgrenzen: Geht es darum, lediglich die rechtliche Relevanz der Situation zu klären oder geht es möglicherweise um mehr, nämlich um eine (umfassendere) Beratung mit der Zielsetzung, dass Ihr Mandant selbst die Situation für sich weiter klärt und möglicherweise ganz neue Aspekte in den Blick nimmt.
- **Abklärung von Rahmenbedingungen**: Rahmenbedingungen betreffen z.B. den zeitlichen Rahmen des heutigen Beratungsgesprächs oder die Übernahme von Kosten. Hier hat dann auch die Frage nach einer Rechtsschutzversicherung ihren Platz.

Ergebnis der Orientierungsphase müssen klare Vereinbarungen sein:

- Kontrakt darüber, dass sich Berater und Klient auf den Beratungsprozess einlassen.
- Kontrakt über das Thema und Ziel.
- Kontrakt über Rahmenbedingungen.

Entscheidend ist, dass alle Beteiligten sich tatsächlich darauf einlassen:

- Der Mandant muss eindeutig zustimmen. Dabei hängt seine Zustimmung nicht unbedingt davon ab, dass ihm völlig klar ist, worum es geht. Ein Mandant kann sich auch auf ein für ihn ungewohntes und unklares Verfahren einlassen, wenn er von der Kompetenz des Beraters überzeugt ist. Im Zweifelsfall ist es besser gezielt nachzufragen, um mögliche Einwände zu bearbeiten.

- Aber auch Sie als Berater müssen zustimmen. Können Sie sich auf dieses Thema, dieses Ziel, dieses Vorgehen, aber auch auf diesen Mandanten einlassen?

III. Die Klärungsphase

Auch hier entspricht das Vorgehen in den Hauptschritten dem Vorgehen, das wir in Kap. 1 vorgestellt haben. Aber auch hier ist der Fokus anders: Aufgabe des Beraters ist, dass der Klient bzw. Mandant selbst seine Situation besser versteht – nicht, dass der Berater die Situation vollständig versteht. Damit verschiebt sich der Fokus in der Klärungsphase: Ihre Aufgabe in der Klärungsphase ist vor allem, dass Ihr Klient seine Situation „besser" versteht. Erst wenn geklärt ist, wie die Situation war und welche Bedeutung einzelne Handlungen des Mandanten z.B. für eine gerichtliche Auseinandersetzung haben, besteht eine hinreichende Chance, Lösungsmöglichkeiten zu finden. Dabei spielen hier personale und Expertenberatung ineinander (Sie sind als Berater, aber auch als Experte gefordert), wobei sich eine Grundstruktur Prozessberatung – Expertenberatung – Prozessberatung ergibt:

1. Personale Beratung in der Klärungsphase: Schilderung der Situation durch den Mandanten

Vielleicht kennen Sie das aus eigener Erfahrung: Ein Mandant fängt an zu erzählen, er wirkt hektisch, redet ohne Pause und ohne Struktur, wiederholt sich. Damit erreicht er für sich jedoch keine Klärung der Situation. Was hier fehlt, ist eine klare Struktur und Ihre Aufgabe als Berater in dieser Phase ist es, die Struktur zu schaffen. Daraus ergeben sich folgende Aufgaben (wir knüpfen an die Gliederung des vorigen Kapitels an):

- **Die passende Eingangsfrage überlegen**: Ihre Eingangsfrage stellt den Ausgangspunkt für die Gesprächsstruktur dar. Überlegen Sie sich die passende Einstiegsfrage, dabei hilft Ihnen die Kontrollfrage: Was muss geklärt werden, um das Beratungsziel zu erreichen? Je nach Beratungsziel wird die Einstiegsfrage variieren. Im Beispiel von Susi Sausewind könnte eine passende Einstiegsfrage sein: „Erzählen Sie doch zuerst, wie es zu dieser Situation gekommen ist". Wenn ein Mandant ein bestimmtes Vorgehen überprüfen lassen möchte, dann wird sich die Einstiegsfrage eher auf das von ihm geplante Vorgehen beziehen: „Erzählen Sie doch, worum es geht und was Ihr Plan ist!".

  Eine Reihe von möglichen Einstiegsfragen haben wir bereits in Kap. 1 aufgeführt. Sie können Sie auch hier wieder anwenden. Aber überlegen Sie, welche im Einzelfall passt:

- Können Sie die gegenwärtige Situation schildern?
- Was ist erreicht, was nicht?
- Schätzen Sie die gegenwärtige Situation (zum Beispiel den Stand des Projektes) zwischen 0 und 100 ein. 0 bedeutet katastrophal; 100 bedeutet: optimal. Dabei ist weniger die Zahl von Belang, sondern das, was dahintersteht: Was macht bei einer Einschätzung von 60 den Erfolg aus, was steckt hinter die fehlenden 40?
- Wo genau liegen die Probleme?
- Was spricht dafür, was spricht dagegen?
- Wie kam es zu dieser Situation?
- Welche Faktoren haben aus Ihrer Sicht zu dem Problem geführt?
- Was haben Sie bisher versucht, um das Problem zu lösen?
- Was meinen Sie, wird passieren?
- Was ist Ihr bisheriger Plan?
- Was tun Sie üblicherweise in solchen Situationen?
- Was meinen Sie, denken andere über diese Situation? Wie würde Ihr Vorgesetzter das Problem beschreiben, Ihr Kunde?

- **Zuhören und die Darstellung des Mandanten durch Aufmerksamkeitsreaktionen anstoßen**: Gerade bei belastenden Themen fällt es dem Mandanten oft nicht leicht, die Situation darzustellen. Viele Mandanten brauchen zunächst Zeit, sich warm zu reden. Von daher gilt es Ihnen diese Zeit lassen, zuhören, nicht gleich unterbrechen. Sie können auch den Erzählfluss durch „Aufmerksamkeitsreaktionen", das sind interessierte Signale wie Nicken, „hm", Blickkontakt usw., unterstützen. Wichtig ist dabei, sie nicht „technisch" einzusetzen- Ihr Mandant nimmt unbewusst sofort wahr, dass sich die Beraterin „in Wirklichkeit" nicht für das Thema und ihn interessiert. Der ratsame Ausgangspunkt ist die Einstellung der Beraterin: „Mir ist wichtig, zunächst Ihre Sichtweise zu hören."

  Die freie Erzählphase gibt dem Mandanten die Möglichkeit, sich – in einer fremden und möglicherweise für ihn bedrohlichen Umgebung – zunächst warm zu reden und zugleich seine Gedanken zu sammeln. Der Berater erhält in dieser Situation einen ersten Überblick über die Sichtweise des Mandanten und zugleich häufig Hinweise auf Themen, die später weiter zu klären sind:

  – Welche Themen werden angesprochen, welche nicht?
  – Gibt es Themen, die im Hintergrund anklingen und möglicherweise für die weiteren Überlegungen von Belang sind?
  – Was sagt die Körpersprache des Mandanten? Zeigt er Betroffenheit? Ist er entspannt? Gibt es Widersprüche zwischen dem Inhalt und seiner Körpersprache? Erzählt er von einer Situation als sei diese bereits bewältigt? Bleibt er während des Gesprächs verkrampft?

- **Den Mandanten bei Abschweifungen wieder zum Thema führen**: Die zweite Gefahr in dieser freien Erzählphase besteht darin, dass ein Mandant endlos von einem Thema zum anderen kommt. Aufgabe des Beraters ist es dabei, ihn hier wieder zum Thema zu führen, ohne den Redefluss zu sehr zu unterbrechen. Sie können das durch entsprechende Fragen steuern: „Was bedeutet das für Ihre Situation?" „Und wie hat sich die Beziehung zu Ihrem Vorgesetzten dann weiterentwickelt?"

- **Verdeckte Erfahrungen nachfragen**: Wir hatten das Vorgehen bereits in Kap. 1 angesprochen: Nur ein Teil der Erfahrungen ist dem Gesprächspartner aktuell bewusst, ein häufig größerer Teil ihm selbst und damit auch im Gespräch verdeckt. Wenn Susi Sausewind davon berichtet, dass sich die Beziehung zu ihrem Vorgesetzten allmählich verschlechtert hat, dann bleibt dabei im Dunkel, was hier konkret geschehen ist und welchen Anteil Susi Sausewind zu dieser Situation beigetragen hat. Aber erst wenn das geklärt ist, lassen sich neue Ansätze finden, um die Beziehung zu ihrem Vorgesetzten zu verbessern. Damit bekommt das Nachfragen verdeckter Erfahrungen gerade im Beratungsgespräch besondere Bedeutung. Die jeweiligen Verfahren wurden bereits in Kap. 1 genannt:

  - Fokussierung einer konkreten Situation: Können Sie eine konkrete Situation schildern, in denen Ihnen das besonders deutlich geworden ist, dass sich die Situation allmählich verschlechtert – bei der Schilderung dieser Situation werden dann die Faktoren deutlich, die möglicherweise entscheidend sind.

  - Direktes Erfragen mit Hilfe von W-Fragen: Was genau hat sich verschlechtert? Woran haben Sie gemerkt, dass sich die Situation verschlechtert hat? Was hat dazu geführt, dass sich die Situation verschlechterte? All diese Frage bieten Anstoß für den Mandanten, selbst weiter zu denken und die Situation für sich genauer zu klären. Und damit wird sie bearbeitbar!

- **Direktes Erfragen juristisch relevanter Aspekte**: Welche Aspekte sind juristisch relevant? Welche Informationen benötigen Sie dafür?

- **Paraphrasieren und Strukturieren**: Auch dieses Vorgehen hatten wir bereits in Kap. 1 erwähnt: Wenn Sie die Äußerungen wiederholen, zusammenfassen und strukturieren, so bieten Sie damit Ihrem Mandanten eine Strukturierungshilfe an, die es ihm ermöglicht, ungeordnete Überlegungen in eine Struktur zu bringen.

- **Aktives Zuhören**: Eine ähnliche Form ist das in der Tradition der sog. klientzentrierten Gesprächsführung entwickelte „aktive Zuhören", das Widerspiegeln von Empfindungen. Grundgedanke ist, dass hinter einzelnen Äußerungen stets Empfindungen stehen, die in vielen Fällen nicht expliziert sind. Klärung der Situation kann dann heißen, sich dieser Empfindungen bewusst zu werden. Für den Berater ergeben sich dabei zwei Schritte:

  - Genau zuhören: Welches Gefühl steht hinter dieser Äußerung?

  - Dieses Gefühl verbalisieren.

  Wenn ein Mandant sich zum Beispiel beklagt, dass sein Vorgesetzter ihm nicht zuhört, dann kann hinter dieser Äußerung Ärger über den eigenen Vorgesetzten stehen. Dieses Gefühl kann dann durch den Berater verbalisiert werden: „Sie ärgern sich, dass Ihr Vorgesetzter Ihnen nicht zuhört." Übrigens ist das Aktive Zuhören ein gutes Verfahren, das Gespräch weiterzuführen: In der Regel wird der Gesprächspartner den Faden aufgreifen: „Ja, und ich habe immer wieder versucht, einen Termin zu finden ...".

2. Interpretation der Situation auf der Basis juristischen Fachwissens

An die Phase der personalen Beratung schließt sich eine Phase der Expertenberatung an. Ihr Mandant erwartet von Ihnen eine Einschätzung der Situation. Sie sind als Fachexperte gefordert, der die rechtliche Relevanz und sich daraus ergebende mögliche oder wahrscheinliche Konsequenzen aufzeigt.

- Gibt es Punkte, die aus Sicht des Experten besonders relevant sind?
- Wie ist die Einschätzung des Experten? Sieht er die Situation als gravierend oder eher nebensächlich an? Wie ist die rechtliche Lage?
- Was sind aus Sicht des Experten zu erwartende Konsequenzen? Was sind mögliche Risiken, mögliche Chancen?

Auch hier gilt: In vielen Fällen versuchen Mandanten im Anschluss daran diese Sichtweise zu diskutieren: „Aber in Wirklichkeit ist es doch ganz anders." Lassen Sie sich nicht auf diese Diskussion ein, sie führt nicht weiter. Verdeutlichen Sie stattdessen Ihre Einschätzung: „Dies ist meine Sichtweise. Und mir ist wichtig, dass Sie aus meiner Sicht mögliche Risiken und Chancen kennen. Denn nur dann können wir überlegen, wie wir damit umgehen."

3. Personale Beratung als Abschluss der Klärungsphase

Ihr Mandant muss das Gesagte zunächst einmal verarbeiten. Was bedeutet Ihre Einschätzung für seine Situation? Ist er erleichtert, dass es doch nicht so schlimm ist, wie er befürchtete? Oder ist er erschreckt, weil er die Situation erst jetzt in ihrer Tragweite erkennt?

Das bedeutet für den Mandanten, er braucht erst einmal etwas Zeit, die Situation zu verarbeiten. Für das Beratungsgespräch bedeutet das, dass es von der Expertenberatung jetzt wieder auf die Ebene der personalen Beratung wechselt. Das heißt im Einzelnen:

- **Mit einer offenen Frage oder einer entsprechenden Äußerung den Anstoß zur personalen Beratung geben: *„Wenn Sie das hören, was geht Ihnen durch den Sinn?"***
- **Anschließend als Berater Zeit lassen und zuhören**
- **Verständnis zeigen**

Je problematischer die Situation ist, desto mehr Verständnis benötigen Mandanten. Versuchen Sie, gerade hier den Kontakt zu halten: Sich auf den anderen einstellen, deutlich zu machen, dass Sie seine Enttäuschung oder ... verstehen. Sie können auch das Aktive Zuhören wieder anwenden und die Gefühle Ihres Gesprächspartners verbalisieren: „*Ich kann mir vorstellen, dass Sie das Gesagte erschreckt.*"

Gerade dieser Wechsel von Experten- zu personaler Beratung ist für Berater häufig nicht leicht, vor allem dann nicht, wenn man sich selbst in die Thematik eingedacht hat und darauf konzentriert ist. Aber was Mandanten in dieser Phase benötigen, sind nicht weitere fachliche Erklärungen, sondern Verständnis und Zeit, sich mit dem Gesagten auseinander zu setzen. Für Sie als Berater bedeutet das:

- **Versuchen Sie, jetzt gedanklich umzuschalten: Jetzt geht es nicht darum, die eigene Sicht nochmals zu begründen, sondern dem Mandanten Verständnis entgegen zu bringen.**

Antwortet der Mandant auf die Frage: „*Wenn Sie das hören, was geht Ihnen durch den Sinn?*" offen, so wird das häufig eine gute Ausgangsposition sein, um eine Lösung für das Problem des Mandanten zu finden.

IV. Die Lösungsphase

Auch im Beratungsgespräch hat die Lösungsphase die Aufgabe, neue Lösungen zu entwickeln. Dabei können wir der Gliederung in Kap. 1 folgen: Überprüfung des Ziels, Sammlung von Lösungsmöglichkeiten, Bewertung.

1. Schritt 1: Absicherung und ggf. Abänderung des Ziels

Gerade bei persönlichen Themen ist damit zu rechnen, dass sich das Ziel im Verlauf der Klärungsphase verändert: Wollte Susi Sausewind ursprünglich nur wissen, ob sie die Kündigung anfechten kann, so mag sich möglicherweise jetzt ein ganz anderes Ziel ergeben. Beispielsweise was sie tun kann, um ihre Stelle zu behalten und die Beziehung zu Ihrem Vorgesetzten zu verbessern. Überprüfen Sie als Berater deshalb, ob das ursprüngliche Ziel noch passt. Das heißt im Einzelnen:

- **Dem Mandanten verschiedene mögliche Ziele verdeutlichen**: In vielen Fällen ist Mandanten überhaupt nicht klar, welche Ziele ihnen zur Verfügung stehen. Dann führt es zunächst einmal zu Klarheit, ihnen die überhaupt zur Verfügung stehenden Optionen zu nennen. Aufgabe des Beraters ist hier wieder die des Experten: Er kann die unterschiedlichen Möglichkeiten einschätzen. Ggf. kann der Berater in dieser Situation auch ein Ziel oder Teilziel vorschlagen, z.B. das Ziel, die gesamte finanzielle Situation zunächst einmal genauer zu klären, bevor man sich für weitere Schritte entscheidet.

- **Chancen und Risiken der verschiedenen Ziele nennen**: Auch hier ist der Berater Experte, der aus seiner Sicht mögliche Konsequenzen bzw. mögliche Chancen und Risiken auflistet. Wichtig ist hierbei, „neutral" zu sein, d.h. möglichst objektiv Chancen und Risiken zu nennen.
- **Im Rahmen von personaler Beratung den Mandanten fragen, welches Ziel er (zunächst) weiterverfolgen möchte**: Was möchten Sie erreichen? Was möchten Sie vermeiden? Welches dieser Ziele sollen wir aus Ihrer Sicht zunächst weiterverfolgen?

Ergebnis muss wieder eine Vereinbarung darüber sein, welches bestimmte Ziel weiterverfolgt wird. Und auch hier gilt: Ausschlaggebend ist nicht die Auffassung des Beraters, sondern die des Mandanten, er muss entscheiden.

2. Schritt 2: Sammlung von Lösungsmöglichkeiten

Ihr Mandant ist grundsätzlich in Gefahr, neue Ideen vorschnell abzuwehren: „Das habe ich schon versucht" oder „das bringt ohnehin nichts". Damit wird aber der Raum möglicher Lösungen vorschnell eingeschränkt. Von daher gelten insbesondere für das Beratungsgespräch die bereits in Kap. 1 aufgeführten Grundsätze:

- **Erst Lösungsmöglichkeiten sammeln, ohne sie zu bewerten!**
- **Jeder Beteiligte (Mandant, Berater) kann Ideen einbringen**
- **Alle Ideen (auch „verrückte" Ideen) sind erlaubt**
- **Ideen dürfen (in dieser Phase) nicht diskutiert und bewertet werden**
- **Lösungsmöglichkeiten aufschreiben – damit bleiben sie gegenwärtig!**

Auch hier ist die Sammlung von Lösungsmöglichkeiten grundsätzlich im Rahmen von Experten- und personaler Beratung möglich: Der Berater kann Möglichkeiten nennen (Expertenberatung) oder der Mandant wird dabei unterstützt, selbst neue Möglichkeiten zu entwickeln. Je persönlicher die Themen sind, desto stärkeres Gewicht kommt der personalen Beratung zu. Von daher empfiehlt es sich, in solchen Fällen die Reihenfolge zu ändern: Erst den Mandanten nach Ideen fragen, anschließend eigene Ideen einbringen.

- **Sammlung von Lösungsmöglichkeiten im Rahmen personaler Beratung**

  Auch hier ist es Aufgabe des Beraters, den Klienten dabei zu unterstützen, neue Lösungen zu finden. Dabei liegt die Schwierigkeit darin, dass Klienten nicht selten „blockiert" sind. Sie sehen keine Möglichkeiten, halten die Lage vielleicht für aussichtslos. Häufig wird das daran liegen, dass ihre Sichtweise eingeschränkt ist. Ihre Aufgabe als Berater ist es dann, durch geeignete Fragen den Klienten dazu anzuregen, in „andere Richtungen" zu denken, um neue Lösungen zu finden. Im Rahmen der Beratungsforschung sind hierzu zahlreiche

Fragen entwickelt worden, die helfen können, neue Lösungen zu finden. Dabei lassen sich diese Fragen je nach der Fragerichtung in Fragen mit Bezug zur Vergangenheit, die Gegenwart oder die Zukunft unterteilen:

Fragen in Richtung Vergangenheit:

- Haben Sie in der Vergangenheit eine ähnliche Situation erfolgreich bewältigt? Wie sind Sie dabei vorgegangen?
- Erinnern Sie sich an eine Situation, in der Sie erfolgreich waren? Wie sind Sie dabei vorgegangen?
- Was hat Ihnen bei solchen Situationen in der Vergangenheit geholfen?
- Gab es eine Situation, in der das Problem nicht auftrat? Was war da anders?

Fragen in Bezug auf die Gegenwart:

- Was können Sie jetzt tun?
- Welche Lösungsmöglichkeiten kommen Ihnen jetzt in den Sinn?
- Was könnten Sie tun, um das Problem zu vergrößern?

Fragen in Richtung Zukunft:

- Was wäre ein erster Schritt zur Lösung des Problems?
- Stellen Sie sich vor, das Problem ist gelöst. In welchen Schritten sind Sie dabei vorgegangen?

Diese Fragen stammen teilweise aus der „Lösungsorientierten Therapie und Beratung“ im Anschluss an Steve De Shazer (z.B. De Shazer/Dolan 2008). Die Frage „Was könnten Sie tun, um das Problem zu vergrößern?“ ist eine „Verschlimmerungsfrage“. Sie lenkt zwar die Aufmerksamkeit nochmals auf das Problem. Aber wenn ich weiß, wie ich ein Problem vergrößern kann, brauche ich die entsprechenden Vorgehensweisen nur umzukehren und gewinne Ansätze zur Lösung des Problems.

„Stellen Sie sich vor, das Problem ist gelöst“ wird als „Wunderfrage“ bezeichnet. „Stell dir vor, es ist ein Wunder geschehen und über Nacht ist dein Problem gelöst. Was ist da anders? Wie ist das zustande gekommen?“. Diese Fragen sind keine rational einsichtigen Fragen, aber eben darin liegt ihr Wert. Sie schaltet rationale Barrieren aus (jemand ist davon überzeugt, dass ihm keine Lösung einfällt) und führt eben dadurch nicht selten zu neuen Lösungen. Die gleiche Funktion hat übrigens auch die Aufforderung: „Raten Sie mal!“ auf die Antwort des Klienten, dass er keine Lösung wisse. Rational ist die Aufforderung in einer solchen Situation völlig sinnlos, tatsächlich setzt sie nicht selten Kreativität frei und führt zu neuen Lösungen.

- **Sammlung von Lösungsmöglichkeiten im Rahmen von Expertenberatung**

  Auch bei möglicherweise eher persönlichen Beratungsthemen ist Expertenberatung möglich. Sie können aus Ihrer Perspektive (als Experte oder aufgrund Ihrer Lebenserfahrung) Möglichkeiten nennen; Sie können durchaus auch sagen, wie Sie in dieser Situation vorgehen würden. Aber entscheidend ist, dass diese im Rahmen von Expertenberatung zusammengestellten Lösungen nicht übergestülpt werden. Es sind mögliche Vorgehensweisen, aber letztlich kann erst Ihr Mandant aus seiner Kenntnis der Situation entscheiden, was davon für seine Situation passt. Aufgabe des Beraters ist es deshalb, dem Gesprächspartner diese Freiheit zu lassen. Das fällt nicht leicht, wenn Experten mit ihren Ideen gleichsam verheiratet sind und den Gesprächspartner davon zu überzeugen suchen.

Grundsatz für das Sammeln von Lösungsmöglichkeiten sind die klassischen Brainstormingregeln: Erst Ideen sammeln, ohne sie zu bewerten. Ansonsten besteht die Gefahr, dass die erste Idee sofort zerredet wird: „Das geht nicht", „das haben wir schon versucht", „das ist zu teuer", „das kriegen wir beim Vorstand nie durch!". Ihre Aufgabe als Berater ist hier, die Brainstormingregeln gegebenenfalls explizit einzuführen und auf ihre Einhaltung zu achten.

3. Schritt 3: Bewertung der Alternativen

Die Bewertung der verschiedenen Alternativen ist nicht von außen, sondern nur aus der Perspektive des Betroffenen möglich. Letztlich kann nur Susi Sausewind sagen, ob sie sich auf ein Gespräch mit dem Personalchef oder auf ein gemeinsames Gespräch mit ihrem Anwalt und dem Personalchef oder Vorgesetzten einlässt. Sie kennt die Situation und sie kennt vor allem sich selbst, kann einschätzen, was sie sich zutraut und was nicht.

Andererseits können Sie aus Ihrer Perspektive als Anwalt Hinweise auf mögliche Chancen und Risiken geben. Daraus ergibt sich auch hier, dass die Bewertung der Alternativen aus der Perspektive des Mandanten und der Perspektive des Experten möglich ist:

- Aus Sicht des Beraters als Experte, der auf der Basis seiner Fachkenntnis Chancen und Risiken der verschiedenen Möglichkeiten beurteilen kann und ggf. auch entscheiden muss, erfolgt eine Einschätzung, ob er sich auf eine bestimmte Vorgehensweise einlassen kann.
- Aus Sicht des Mandanten, d.h. im Hinblick auf seine persönliche Situation, aber auch mit Blick auf seine Einstellungen, seine Ängste und seine Fähigkeiten, ggf. auch unter Berücksichtigung anderer Personen, deren Reaktionen er besser einzuschätzen vermag als der Berater von außen, erfolgt eine autonome Einschätzung.

Letztlich muss der Mandant auch hier wieder die Entscheidung selbst treffen. Aber es ist dabei hilfreich, wenn er sie „sehenden Auges" trifft.

V. Die Abschlussphase

Auch Beratungsprozesse brauchen einen eindeutigen Abschluss. Dabei gilt auch hierfür die in Kap. 1 dargestellte Struktur: Das Ergebnis muss festgehalten werden, es sind Maßnahmen zu planen und Vereinbarungen zu treffen. Daraus ergeben sich folgende Aufgaben für die Abschlussphase:

- **Formulierung des Ergebnisses**: Hier ist es Aufgabe Ihres Mandanten, für sich das Ergebnis zu formulieren. Das bedeutet, dass die Abschlussphase mit personaler Beratung beginnt. Hier ist die Sichtweise des Mandanten gefragt. Er muss das Ergebnis für sich klären. Sie können das durch die geeignete Einstiegsfrage anstoßen: „Welches Ergebnis nehmen Sie aus diesem Gespräch mit?". Ihre Aufgabe ist es dann, Ihrem Gesprächspartner Zeit zu lassen, zuzuhören, Verständnis zu signalisieren. Aber Sie können ihm die Verarbeitung nicht abnehmen.

  Auch wenn keine Lösung gefunden wird oder der Mandant sich als Ergebnis etwas anderes erhofft hat, ist das als Ergebnis zu formulieren: „Ich kann mir vorstellen, dass Sie sich eine andere Lösung erhofft haben. Was bedeutet es für Sie, dass die Situation so ist?" In diesem Fall wird in der Abschlussphase ein neues Thema zum Gegenstand personaler Beratung. Was macht der Mandant damit, dass er ein bestimmtes Problem nicht lösen oder ein bestimmtes Ziel nicht erreichen kann? Möglicherweise besteht die Lösung darin, sich eben auf diese Situation einzustellen. Wenn der Mandant weiß, dass er bestimmte Wünsche, Vorstellungen oder Ansprüche nicht durchsetzen kann, muss er sich darauf einstellen. Die Aufgabe des Beraters liegt dann darin, im Wege der personalen Beratung den Mandanten dabei zu unterstützen, die Situation gedanklich zu verarbeiten.

- **Entwicklung des Maßnahmenplans**: Welche nächsten Schritte ergeben sich daraus? Was wird Ihr Mandant als nächstes tun? Wann werden Sie aktiv? Hilfreich kann auch hier sein, die Maßnahmen als To-do-Liste festzuhalten:

Nr.	Was ist zu tun?	Wer mit wem?	Bis wann?	Bemerkungen

  Entscheidend ist, dass diese Maßnahmen abschließend explizit vereinbart werden. D.h. der Mandant muss zustimmen und es ist die Aufgabe des Beraters, diese Zustimmung abzusichern: „Ist das Vorgehen so für Sie in Ordnung?", „können Sie sich darauf einlassen?" Aber auch der Berater muss sich, soweit er davon betroffen ist, darauf einlassen. Es kann hilfreich sein, sich als Berater eben diese Frage explizit zu stellen und die eigene Zustimmung auch explizit gegenüber dem Mandanten zu äußern.

- **Vereinbarung von Kontrakten**: Damit das Beratungsgespräch nicht ergebnislos im Sand verläuft, sollten abschließend konkrete Vereinbarungen getroffen werden. Das können Vereinbarungen sein, die der Mandant gleichsam „mit sich selbst" schließt, um seinen Entschluss zu bekräftigen, oder Vereinbarungen zwischen Mandant und Anwalt.

- Was genau wird der Mandant tun? Ist er sich seiner Sache sicher? Wird er es tatsächlich tun oder bestehen auch weiterhin Bedenken, die zuvor zu klären sind?
- Gibt es Schritte, die Sie als Anwalt unternehmen werden?
- Gibt es darüber hinaus weitere Vereinbarungen, z.B. über den nächsten Termin?

Es ist kaum etwas unbefriedigender als ein Gespräch ohne Ergebnis. Von daher ist entscheidend, dass jedes Beratungsgespräch einen expliziten Abschluss hat. Das kann manchmal durchaus schwierig sein, insbesondere dann, wenn sich eine Thematik als schwieriger und komplexer herausstellt als ursprünglich angenommen. Es ist Ihre Aufgabe als Beraterin oder Berater, für einen eindeutigen Abschluss zu sorgen.

VI. Besondere Beratungssituationen

1. Vermittlung komplexer Sachverhalte

a) Sach- und Adressatenorientierung

Die Vermittlung von komplexen Sachverhalten gehört zu den zentralen Aufgaben der juristischen Beratungspraxis. Einem Mandanten ist ein komplexes Thema darzustellen, eine komplexe Rechtslage zu erklären. Doch wie kann ich diesen Sachverhalt als Beraterin oder Berater so vermitteln, dass der Klient es versteht?

Üblicherweise sind wir bei der Vermittlung komplexer Sachverhalte ausschließlich **„sachorientiert"**: Wir richten unsere Aufmerksamkeit auf die Sache, den Inhalt. Wir überlegen uns, was im Blick auf den Inhalt wichtig ist und versuchen unsere Erkenntnis zu vermitteln. Doch eben das kommt häufig nicht beim Gesprächspartner an. Er fühlt sich stattdessen überfordert, versteht die Zusammenhänge nicht und das Gespräch verliert sich in Details. Vielleicht kennen Sie das aus eigener Erfahrung: Eine Expertin oder ein Experte vermittelt einen komplexen Sachverhalt. Sie nehmen seine oder ihre Fachkenntnis wahr, aber können dem Gedankengang nicht folgen. Es sind für Sie zu viele Details oder Grundlagen werden nicht klar, es wird vielleicht nicht deutlich, wozu Sie das alles wissen müssen.

Was hier fehlt, ist neben der Sachorientierung eine zweite Ebene bei der Vermittlung komplexer Inhalte: die **Adressatenorientierung**. Die Aufmerksamkeit ist eben nicht nur auf den Inhalt, sondern zugleich und in besonderem Maße auf den Adressaten zu lenken: Was ist für ihn wirklich wichtig? Was weiß er schon von dem Thema? Was muss er wirklich verstehen?

Damit verändern sich die Kriterien bei der Auswahl der Inhalte komplexer Sachverhalte und das Vorgehen bei der Vermittlung. Es geht nicht mehr allein darum, was inhaltlich richtig und wichtig ist, sondern zugleich um die Frage, was in dieser Situation für den Adressaten wichtig ist.

Daraus ergibt sich ein zentraler Grundsatz für die Vermittlung komplexer Sachverhalte:

Richten Sie Ihre Aufmerksamkeit nicht nur auf die Sache, sondern ebenso sehr auf den Adressaten!

Wenn Zuhörer etwas nicht verstehen, liegt das in der Mehrzahl der Fälle nicht an der Sachkompetenz, sondern an der fehlenden Adressatenkompetenz. Von daher sollten Sie beides im Blick haben:

Vermittlung komplexer Sachverhalte

Sachorientierung	**Adressatenorientierung**
– Worum handelt es sich? – Was ist wichtig?	– Wer ist der Adressat? – Was weiß er schon von der Thematik? – Was muss er wissen? – Wie kann ich es ihm verdeutlichen?

Sach- und Adressatenorientierung sind Grundsätze, die gleichermaßen für komplexe Vorträge wie für die knappe Darstellung z.B. der rechtlichen Situation im Rahmen des Beratungsgesprächs (der Klärungsphase) gelten. Was das im Einzelnen heißt, soll im Folgenden dargestellt werden.

b) Die Vorbereitungsphase

Vorbereitung ist etwas, was wir meist nur bei umfangreichen Präsentationen oder Vorträgen machen. Und wenn, dann ist die Vorbereitung meist überwiegend sachorientiert: Man überlegt sich, was zum Thema gehört.

Was wir Ihnen hier vorschlagen, ist eher das Gegenteil:

(1) Bereiten Sie jede Darstellung vor!

Das mag die ausführliche Vorbereitung auf die Präsentation eines komplizierten Vertragsentwurfs sein. Das gilt aber gleichermaßen für ein kurzes Statement in einem Mandantengespräch. Wenn möglich, nehmen Sie sich vorher 5 Minuten Zeit für die Vorbereitung und schreiben sich wichtige Gesichtspunkte auf. Das hilft Ihnen, sich auf das Thema zu konzentrieren. Und selbst, wenn Sie mitten im Gespräch an einen Punkt gelangen, an dem sie einen Sachverhalt (z.B. die Rechtslage in unserem Beispiel von Susi Sausewind) darstellen müssen: Halten Sie kurz ein und überlegen Sie sich, was wichtig ist und wie Sie vorgehen. Möglicherweise können Sie die Zeit, die Sie dafür benötigen, durch einen Satz überbrücken: „Lassen Sie uns kurz überlegen. Ich möchte Ihnen jetzt die relevanten Faktoren kurz darstellen ...“ Vermutlich reicht bereits die Zeit, die Sie zum Formulieren dieses Satzes benötigen, als Vorbereitung aus.

(2) Richten Sie bei der Vorbereitung die Aufmerksamkeit zunächst auf den Adressaten, erst dann auf die Sache!

Das ist gerade dann ungewohnt, wenn die Thematik grundsätzlich inhaltsorientiert ist, wie beispielsweise bei der Rechtsberatung. Erst wenn Klarheit über den Adressaten besteht, können auch Inhalte passend strukturiert und verständlich vermittelt werden.

Im Einzelnen ergeben sich dabei folgende Fragen:

- **Wer sind der oder die Adressaten?**
- **Was weiß der Adressat von dem Thema?**
- **Wozu will er das wissen? Was sind dabei seine Ziele und Erwartungen?**
- **Was muss er wirklich wissen?**

Gerade die letzte Frage gibt das Auswahlkriterium, mit dessen Hilfe sich entscheiden lässt, was dem Gesprächspartner tatsächlich vermittelt werden muss. In vielen Fällen sind im Blick auf seine Ziele Details überflüssig, er benötigt lediglich einen groben Überblick. Oder er hat bestimmte Fragen, zu deren Beantwortung nur ganz bestimmte, aber nicht alle Details erforderlich sind.

(3) Die Festlegung des Ziels

Jede Vermittlung von Sachverhalten ist auf ein konkretes Ziel ausgerichtet: Geht es darum, die rechtlichen Rahmenbedingungen für eine Situation darzustellen? Oder geht es darum, einen Vertragsentwurf zu erläutern, über den dann entschieden werden soll? Je nach dem Ziel werden andere Aspekte wichtig sein. Daraus ergeben sich weitere Fragen:

- **Was genau will ich durch die Vermittlung erreichen? Soll der Gesprächspartner informiert oder überzeugt werden?**
- **Was will ich vermeiden?**

In zahlreichen Situationen ist es zweckmäßig, sich auch die Frage zu stellen, was man vermeiden möchte. Möchte ich vermeiden, dass der Gesprächspartner durch die Fülle an Information verwirrt wird, dass er entmutigt wird oder ...?

(4) Die Sachanalyse

Erst wenn Sie Klarheit über Ihren Adressaten sowie seine Erwartungen und über das Ziel haben, sollten Sie sich genauer mit der Sache befassen. Denn mit erst Blick auf das Ziel und Ihre Adressaten lässt sich entscheiden, welche Inhalte Sie darstellen müssen:

- **Welche Punkte müssen behandelt werden?**
- **Welche rechtlichen Rahmenbedingungen sind für diese Situation relevant?**
- **Welche weiteren Informationen sind darüber hinaus wichtig?**

(5) Die Strukturierung der Darstellung

Sie kennen das sicher aus eigener Erfahrung: Jemand redet ohne Punkt und Komma und kommt von einem Thema zum anderen. Die einzelnen Punkte mögen durchaus wichtig oder interessant sein, aber es fehlt die Struktur. Nach kurzer Zeit vermag niemand mehr zu folgen. Von daher als wichtige Regel:

Überlegen Sie sich vorher eine Struktur Ihrer Darstellung: In welchen Schritten soll der Sachverhalt dargestellt werden? Wie soll die Darstellung gegliedert werden?

Dies gilt nicht nur für umfangreiche Darstellungen. Es gilt gleichermaßen für die Fünf-Minuten-Darstellung der Rechtslage in der Klärungsphase eines Mandantengesprächs. Es gilt auch dann, wenn Sie in einem Expertengespräch Position beziehen.

Grundsätzlich gibt es dabei unterschiedliche Vorgehensweisen, eine Darstellung zu strukturieren:

- Eine nahe liegende Struktur ergibt sich aus den Schritten des Problemlösungsprozesses: Darstellung der Ist-Situation, Festlegung des Ziels, Sammlung von Möglichkeiten, Bewertung und Vorschlag.
- Sie können die Darstellung auch zeitlich gliedern: Was waren die einzelnen Schritte, die zu der gegenwärtigen Situation geführt haben?

- Sie können eine Pro-Contra-Gliederung zugrunde legen: Was spricht für die Lösung, was spricht dagegen? Oder Sie gliedern nach Stärken und Schwächen.
- Bei der Stellungnahme zu einem komplexen Vertragswerk können Sie zunächst eine Gesamteinschätzung geben und dann die einzelnen Paragraphen durchgehen.

In aller Regel gibt es mehrere unterschiedliche Möglichkeiten ein Gespräch zu gliedern. Überlegen Sie selbst verschiedene mögliche Vorgehensweisen für Ihre nächste Darstellung.

Doch eines gilt überall: Die Zahl der Gliederungspunkte muss überschaubar bleiben. 15 Gliederungspunkte kann sich niemand merken. Man kann sich 3 bis 4 Punkte gut merken, in der Regel auch noch 5 bis 6, aber darüber hinaus wird es zunehmend schwierig. Lernpsychologisch steht dahinter die Tatsache, dass das Kurzzeitgedächtnis maximal 5 bis 7 sog. „Chunks“, d.h. Informationseinheiten, gleichzeitig speichern kann. Ggf. nehmen Sie statt 15 Punkten 4 bis 5 Hauptpunkte und untergliedern die nochmals. Damit haben Sie wieder eine Struktur, die sich leichter merken lässt.

(6) Verdeutlichung an konkreten Beispielen

In der Regel fällt es wesentlich leichter, sich Inhalte zu merken, wenn sie an konkreten Beispielen verdeutlicht werden. Beispiele schaffen den Bezug zur eigenen Erfahrung, die Darstellung bleibt nicht abstrakt. Von daher gilt:

Überlegen Sie, an welchen konkreten Beispielen sich der Sachverhalt verdeutlichen lässt.

Nahe liegt natürlich, Ihre Darstellungen sofort auf die Situation Ihres Mandanten zu beziehen und aufzuzeigen, was das konkret bedeuten würde. Sie können aber auch ein anderes Beispiel aus Ihrer Praxis zur Verdeutlichung heranziehen. Oder Sie wählen verschiedene Beispiele.

Übrigens: Ist Ihnen aufgefallen, dass wir auch in diesem Buch mit Beispielen arbeiten? Das ist zum einen das Beispiel von Susi Sausewind, auf das wir immer wieder zurückgegriffen haben, das sind aber darüber hinaus auch andere Beispiele, an denen wir bestimmte Sachverhalte verdeutlichen. Auch wir setzen also darauf, dass Ihnen Inhalte besser im Gedächtnis haften bleiben, wenn sie an einem Beispiel konkretisiert sind.

c) Die Durchführungsphase

Auch für die Durchführungsphase gilt der Grundsatz der Sach- und Adressatenorientierung. Man kann sich das an alltäglichen Situationen leicht verdeutlichen: Wenn ein Referent einen Text lediglich vom Manuskript abliest, und der Kontakt zu den Zuhörern verloren geht, kann man nicht mehr folgen. Von daher gilt es auch in der Durchführungsphase sowohl auf den Inhalt als auch auf den Kontakt zu den Zuhörern zu achten.

Darüber hinaus gelten für die Vermittlung komplexer Sachverhalte ähnliche Phasen wie für das Beratungsgespräch: Die Zuhörer benötigen zunächst Orientierung auf der Beziehungs- und auf der Inhaltsebene, es folgt die eigentliche Darstellungsphase, die die Diskussion von Fragen einschließen kann, und die Abschlussphase. Wir beschränken uns im Folgenden auf einige Hinweise.

(1) Die Orientierungsphase

Orientierung auf der Beziehungsebene

Wie im Beratungsgespräch geht es hierbei darum, den Kontakt zum Zuhörer aufzunehmen. Die Möglichkeiten dafür sind die gleichen wie beim Beratungsgespräch:

- **mentale Fokussierung auf die Situation**
- **bewusste Wahl der Sitz-, bzw. Stehposition zum Gegenüber (Sind alle Zuhörer im Blickfeld, stimmen Distanz und Richtung?)**
- **offene Körperhaltung**
- **Blickkontakt suchen**
- **ggf. einige persönliche Worte wählen, um das Eis zu brechen**

Orientierung auf der Inhaltsebene

- **Nennung des Themas**
- **ggf. kurz erläutern, wie es zu diesem Thema gekommen ist**
- **Ziele der Darstellung nennen**
- **Überblick über den Ablauf und die Struktur geben**

(2) Die Darstellungsphase

Die Gefahr bei der Darstellungsphase liegt zum einen darin, dass man die Struktur aus dem Auge verliert und sich selbst in Details verliert, zum anderen, dass man den Kontakt zum Adressaten verliert. D.h.:

- **bei der Darstellung die Struktur im Auge behalten**
- **auf den Kontakt zu den Adressaten achten**

Die Adressatenorientierung in der Darstellungsphase ist ein wichtiges Steuerungsinstrument. Der oder die Zuhörer signalisieren körpersprachlich, ob sie den Zusammenhang verstehen, ob ihnen etwas unklar ist, ob sie Einwände haben. Und Sie können Ihre Darstellung unmittelbar auf die Zuhörer ausrichten, ggf. an einzelnen Stellen etwas ausführlicher werden oder straffen, wenn Sie den Eindruck gewinnen, dass es den Zuhörern zu viel wird. Was Sie dafür brauchen ist zunächst Blickkontakt zu den Zuhörern (also sich nicht in einem Manuskript vergraben) und Sensibilität.

- **Das Gesagte visuell verdeutlichen**

Im Business-Bereich sind PowerPoint-Präsentationen mittlerweile selbstverständlich. Sie sind zum einen hilfreich, weil man sich nicht nur auf das Gehörte konzentriert, sondern den Inhalt zugleich visuell aufnehmen kann. Aber sie können auch durchaus hinderlich sein, wenn es nämlich zu viele Folien sind oder zu viele Informationen auf den einzelnen Seiten enthalten sind. Trotzdem macht es grundsätzlich Sinn, das Gesagte visuell zu verdeutlichen:

- Sie können Tischvorlagen (als Text oder als PowerPoint-Gliederung) verwenden.
- Sie können auch unmittelbar in der Erörterung eine Darstellung am Flipchart oder Whiteboard entwickeln. Dieses Vorgehen bietet einen weiteren Vorteil, denn so erleben Ihre Zuhörer unmittelbar selbst, wie sich eine Struktur aufbaut, und ihre Darstellung kann z.B. direkt an eine vorangegangene Diskussion anknüpfen.

- **Den Zuhörern Zeit zum Verarbeiten geben**

Etwas verstehen ist mehr als bloßes Wahrnehmen, sondern bedeutet, die Informationen in das eigene Verständnis einzufügen und mit den eigenen Erfahrungen zu verbinden. Dafür benötigt ein Zuhörer Zeit. D

- Räumen Sie der Darstellung Zeit ein. Das ist besonders wichtig, wenn man unter Zeitdruck ist. Häufig wird man dann unwillkürlich schneller (man möchte in der kurzen Zeit noch viel sagen), aber die Zuhörer werden überfrachtet, die Fülle der Informationen rauscht über sie hinweg. Richtig ist der andere Weg: Wenn die Zeit knapp ist wird die Menge an Inhalten gekürzt. Es gilt zu überlegen, welche Informationen entbehrlich sind und welche von besonderer Bedeutung. Lieber nur einige Hauptthesen nennen als unzählige Details!

- Wiederholen Sie wichtige Informationen. Das Gehirn lernt am effektivsten durch Wiederholungen.
- Den Zuhörern Gelegenheit geben, das Gesagte zu verarbeiten. Fragen Sie auch gezielt nach etwaigen Unklarheiten: „Ist hier noch etwas unklar?“

(3) Die Abschlussphase

Sie kennen das vielleicht aus Situationen, in denen Sie Zuhörer waren: Manchmal fällt es einem Redner gar nicht leicht, zum Abschluss zu kommen. Da wird noch ein Argument ergänzt, ein weiterer Punkt angeschlossen, mit dem Ergebnis, dass die Struktur verloren geht. Von daher gilt auch hier: einen deutlichen Abschluss setzen!

- **Die Struktur für die Abschlussphase vorbereiten**

  In der Rhetorik-Literatur finden sich zahlreiche Hinweise für die Struktur des Abschlusses. Möglichkeiten sind:

  - Zusammenfassung der Hauptthesen
  - mögliche Konsequenzen aufzeigen
  - offene Fragen aufwerfen.

  Die Abschlussphase darf kein eigener Hauptteil sein. Von daher gilt: Hier kurzfassen, die drei wichtigsten Argumente oder zwei mögliche Konsequenzen oder zwei offene Fragen aufzeigen.

- **Den Abschluss deutlich markieren**

  Diese Markierung ist für einen selbst, aber auch für den Gesprächspartner wichtig. Möglichkeiten sind:

  - Dank an die Zuhörer
  - Abschlusssatz: „Das waren die wichtigen Argumente“.
  - bewusst aufhören.

- **Zum Abschluss nochmals: den Zuhörern Zeit zum Verarbeiten geben**

Nach der Darstellung brauchen die Zuhörer auf jeden Fall nochmals Zeit, das Gesagte zu verarbeiten: Was für Fragen sind noch offen? Was bedeutet das, was gesagt wurde? Was für Konsequenzen ergeben sich daraus für meine Situation? Was könnten die nächsten Schritte sein?

Wenn Sie all das, was Sie während Ihrer Darstellung gut rübergebracht haben, kaputt machen wollen, dann brauchen Sie Ihre Zuhörer anschließend nur mit neuen Informationen zu überschütten. Genau das Gegenteil ist der richtige Weg: Geben Sie den Zuhörern Zeit. Nicht sofort mit neuen Erklärungen anfangen. Ggf. können Sie Teile von dem anwenden, was wir zur Klärungsphase im Beratungsgespräch gesagt haben: Zuhören, nachfragen, paraphrasieren, strukturieren, Bestätigung geben. Sie werden merken, dass Sie nach einiger Zeit wieder inhaltlich weiterarbeiten können. Aber lassen Sie sich und Ihren Zuhörern Zeit.

2. Das Beratungsgespräch mit mehreren Mandanten

In dem ersten Teil haben wir das Beratungsgespräch mit einem Mandanten dargestellt. Nun gibt es aber auch genügend Situationen, in denen Sie es nicht mit einem, sondern mit mehreren Mandanten zu tun haben. Mehrere Geschäftsführer kommen zu Vertragsverhandlungen, ein Ehepaar verlangt nach Testamentsberatung, zwei Partner wollen zusammen ein Unternehmen gründen usw.

Verdeutlichen wir uns diese Situation wieder an einem Beispiel:

Susi Sausewind hat sich entschlossen, nicht zu ihrem alten Arbeitgeber, dem C-Verlag, zurückzukehren. Sie hat eine Abfindung erhalten und will nun mit ihrem Freund, Isidor Schlampig, einen Laden in der Innenstadt von Saarbrücken eröffnen. Dort will sie „Susis schicke Arbeitsmode" verkaufen. Susi und Isidor wollen dafür ihr Geld zusammenlegen. Sie wissen aber nicht, wie sie diesen Laden rechtlich gestalten sollen. Sollen sie eine GmbH gründen oder sollen sie den Laden als Gesellschaft bürgerlichen Rechts führen? Sie haben auch von der Möglichkeit einer „Limited" gehört, ohne genau zu wissen, was das bedeutet.

Nachdem Susi Sausewind seit der Beratung anlässlich ihrer Kündigung zu Ihnen Vertrauen gefasst hat, sitzt sie nun zusammen mit Isidor Schlampig bei Ihnen und will Ihren Rat.

Für dieses Beratungsgespräch mit Susi Sausewind und Isidor Schlampig gilt all das, was wir im 1. Teil gesagt haben: Selbstverständlich hat auch dieses Beratungsgespräch mit zwei Mandanten eine Orientierungsphase, in der Kontakt aufzubauen und das Ziel zu klären ist. Der schließen sich die Klärungs-, eine Lösungs- und die Abschlussphase an. Aber zugleich ist die Situation deutlich komplizierter als in der Beratung eines einzelnen Mandanten. Sie haben nicht nur zu einem, sondern zu beiden Kontakt aufzubauen. Und nachdem Susi Sausewind ihrem Freund immer von Ihnen vorgeschwärmt hat, kann es sein, dass der durchaus misstrauisch Ihnen gegenüber ist. Sie können nicht sicher sein, ob Susi und Isidor nicht möglicherweise in bestimmten Punkten unterschiedlicher Meinung sind. Doch Sie brauchen abschließend eine Lösung, auf die sich beide einlassen.

Die Schwierigkeiten, die hier auftreten können, kennen Sie vielleicht aus eigenen Erfahrungen in solchen Dreier-Konstellationen:

- Zwei Gesprächspartner unterhalten sich angeregt, der dritte wirkt wie ausgeschlossen.
- Zwei Gesprächspartner unterhalten sich über den Dritten.
- Zwei Gesprächspartner reden gemeinsam auf den Dritten ein.

Der Dritte wird sich in keiner dieser Situationen wohl fühlen. Dasselbe gilt für ein Mandantengespräch mit zwei Mandanten:

- Es besteht die Gefahr, dass Sie mit einem Mandanten intensiv ins Gespräch kommen, während sich der andere ausgeschlossen fühlt. Susi Sausewind hat Vertrauen zu Ihnen und verwickelt Sie sofort in das Gespräch, doch Isidor bleibt außen vor.
- Es besteht die Gefahr, dass Sie und ein Mandant über den anderen Mandanten reden. Beispielsweise überlegen Sie und Susi Sausewind gemeinsam, was denn die Rolle von Isidor Schlampig in dem Unternehmen sein könnte.
- Es besteht die Gefahr, dass zwei (Sie und Susi Sausewind) auf den Dritten einreden. Es kann auch vorkommen, dass beide Mandanten auf Sie einreden.

Man kann das Ganze auch systemtheoretisch formulieren: Es besteht die Gefahr, dass Sie und Susi Sausewind ein „Subsystem“ bilden, aus dem der andere Mandant (Isidor Schlampig) ausgeschlossen bleibt:

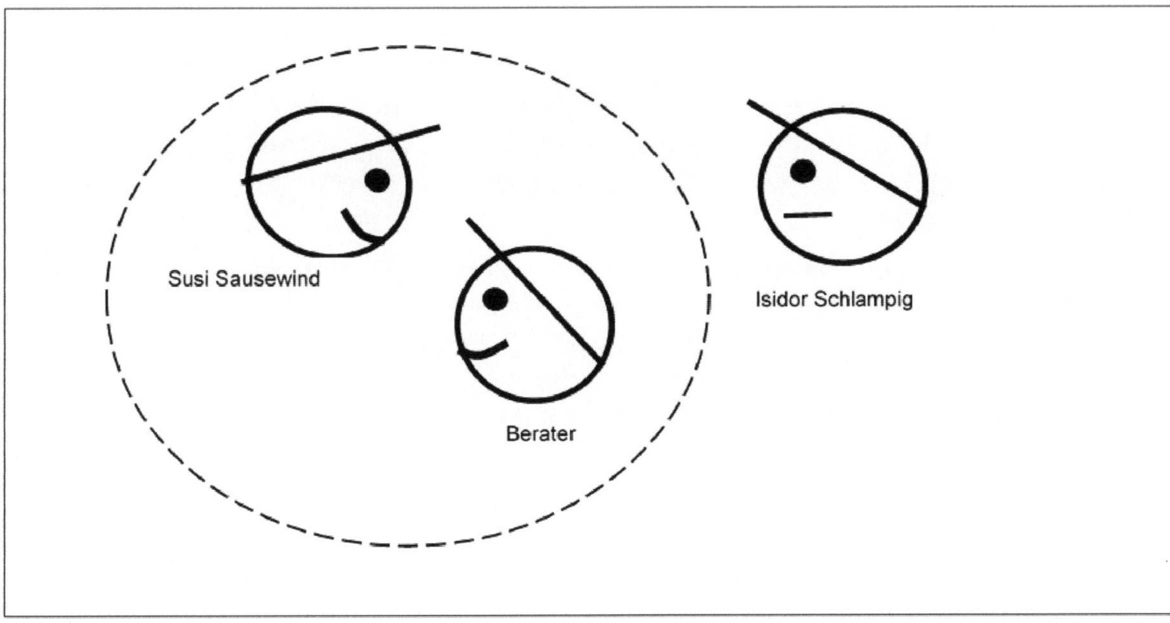

Wenn aber Isidor Schlampig ausgeschlossen wird, wird er alles andere als kooperativ sein und auf Ihre Anregungen mit Abwehr reagieren.

Damit wird das Grundprinzip der Beratung mit mehreren Mandanten deutlich: Sie müssen ein „ausgewogenes" Beratungssystem bilden, das garantiert, dass Sie mit jedem gleichermaßen in Kontakt bleiben. Es muss gewährleistet sein, dass jeder in der Gesprächsrunde seine Auffassung einbringen kann und keiner das Gefühl hat, ausgeschlossen zu sein.

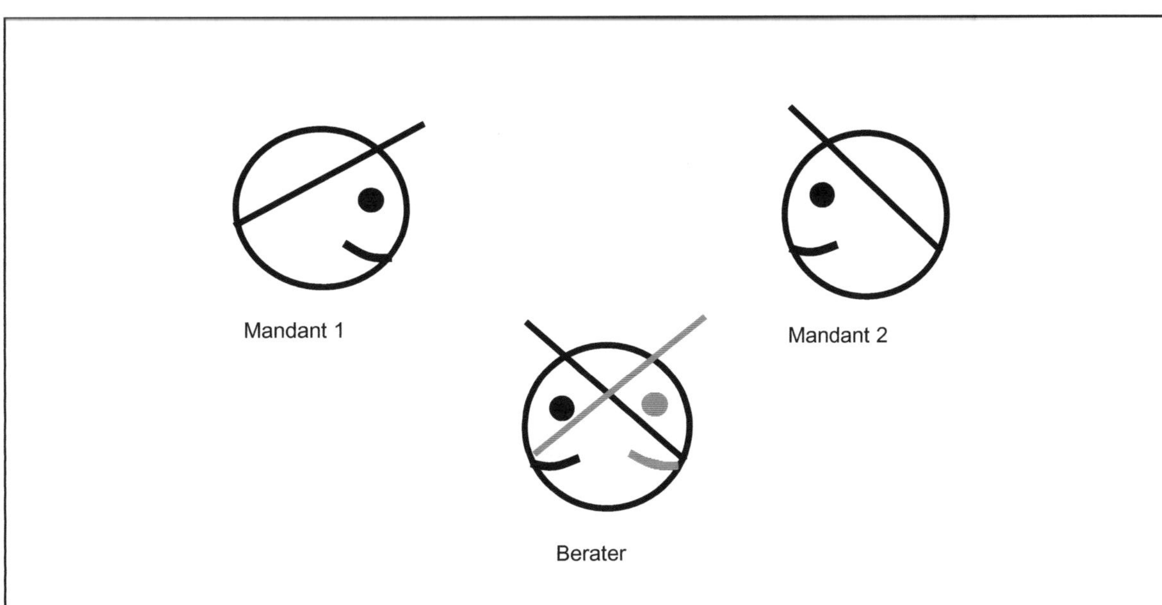

Was das konkret bedeutet, wollen wir Ihnen an den einzelnen Phasen des Beratungsgesprächs verdeutlichen.

a) Die Orientierungsphase

Auch hier sind die ersten Minuten die entscheidenden. Sie bestimmen das Beratungssystem: Bildet sich ein Subsystem zwischen dem Berater und dem einen Mandanten oder gelingt es dem Berater, zu beiden (allen) Mandanten Kontakt aufzubauen?

Verdeutlichen wir uns das an unserem Beispiel: Vermutlich wird Susi Sausewind als erste Ihr Büro betreten, freudestrahlend auf Sie zukommen (sie ist Ihnen ja noch dankbar für die seinerzeitige Unterstützung) und Ihnen sagen, dass sie sich freut, wieder hier zu sein. Vermutlich wird Isidor Schlampig nach ihr reinkommen (er kennt Sie ja noch nicht), eher zögernd und zurückhaltend.

Für Sie als Berater heißt das: aufpassen! Hier besteht die Gefahr, dass Berater und ein Mandant ein Subsystem bilden, und der Dritte dadurch ausgegrenzt wird. Daraus ergeben sich eine Reihe von Hinweisen:

- **Achten Sie darauf, wie Ihre Mandanten den Raum betreten.**

  In welcher Reihenfolge betreten die Mandanten den Raum? In welcher Stimmungslage befinden sich die Mandanten? Verhalten sich die Mandanten unterschiedlich? Wirkt eine Person zögerlich oder unsicher?

- **Bauen Sie zu jedem Ihrer Mandanten positiven Kontakt auf.**

  Reden Sie jeden mit Namen an. Sagen Sie zu jedem etwas Positives, z.B. dass Sie sich freuen, Frau Sausewind wieder zu sehen, und dass Sie es besonders schön finden, dass Herr Schlampig mitgekommen ist.

- **Wählen Sie sorgfältig eine „neutrale“ Sitzposition.**

  Unbewusst nehmen wir z.B. anhand der Sitzposition sehr wohl wahr, wie eng der Kontakt ist. Wenn die Distanz zwischen Ihnen und dem einen Mandanten deutlich größer ist als zu dem anderen, kann es durchaus sein, dass er sich „zurückgesetzt“ fühlt. Von daher ist entscheidend, eine Sitzposition zu wählen, von der sie zu beiden Mandanten gleich guten Kontakt haben. Das herauszufinden ist manchmal nicht leicht. Ist es ratsam, genau in der Mittelposition zu sitzen? Oder ist es günstiger, wenn die Distanz zu dem einen geringer ist, sie aber die Körperhaltung deutlicher auf den anderen ausrichten? Versuchen Sie, verschiedene Positionen auszuprobieren und dabei für die passende Sitzposition sensibel zu werden. Aber denken Sie daran, dass die Wahl der Sitzposition keine Technik ist, sondern dass es hier auf die Einstellung ankommt. Vergessen Sie nie das Ziel, zu jedem der Mandanten gleich guten Kontakt aufzubauen.

- **Machen Sie Ihre Rolle transparent.**

  Sie sind jetzt nicht nur für den einen Mandanten, sondern für beide da. Auch das ist wichtig zu kommunizieren. Sie werden dabei helfen, eine Lösung zu finden, die für beide die Richtige ist.

- **Klären Sie mit beiden das Thema und Ziel des Beratungsgesprächs.**

  Vermutlich wird Susi Sausewind als erste das Wort ergreifen und das Ziel angeben: Wir wollen wissen, welche Gesellschaftsform für „Susis schicke Arbeitsmode" die passende ist. Geben Sie sich aber nicht damit zufrieden, dass nur sie Thema und Ziel nennt. Sie können nicht sicher sein, ob das auch die Ziele von Isidor Schlampig sind oder ob er nicht möglicherweise sonstige Bedenken hat, die es zu klären gilt. Von daher fragen Sie direkt bei Isidor nach: „Gibt es aus Ihrer Sicht noch weitere Punkte, die wir klären sollten?" Zum einen können Sie damit absichern, dass Sie wirklich alle für die Mandanten wichtigen Themen erfassen, zum anderen festigen Sie damit den Kontakt zu Isidor Schlampig, Ihrem zweiten Mandanten. Damit signalisieren Sie, dass Sie ihn und seine Bedürfnisse ernst nehmen. Wichtig ist, dass Sie die Orientierungsphase mit einer Zielformulierung abschließen, der beide zustimmen: „Ich schlage vor, wir schauen uns die GbR, die GmbH und die Unternehmergesellschaft als drei für Sie mögliche Rechtsformen an. Ich nenne dann jeweils Vor- und Nachteile, so dass Sie gemeinsam entscheiden können, was für Sie passt."

b) Die Klärungsphase

Grundsätzlich verläuft die Klärungsphase wie bei der Beratung mit einem Mandanten: Die Mandantschaft wird zunächst frei die Situation darstellen, im Anschluss daran sind das Kernproblem und die rechtlichen Rahmenbedingungen zu klären. Die Mandantschaft erwartet sodann eine erste Einschätzung durch den Berater.

Das Besondere dieser Situation liegt jedoch darin, dass Sie als Berater beide Mandanten im Auge haben und einbeziehen müssen. Das heißt im Einzelnen:

- **Während des Gesprächs mit einem Mandanten den anderen immer wieder im Blick haben. Ist er noch dabei? Drückt seine Körpersprache Zustimmung aus? Oder erweckt er den Eindruck, dass er aus dem Gespräch herausfällt oder anderer Meinung ist?**
- **Den anderen Mandanten immer wieder ansprechen: „Gibt es aus Ihrer Sicht noch etwas zu ergänzen?", „Wie sehen Sie die Situation?"**
- **Absichern, dass beide die Situation gleich bewerten und auftretende Differenzen deutlich machen.**

- **Nach der eigenen Einschätzung der Situation aus der Sicht des Anwalts explizit an beide wenden: Wer hat noch Fragen? Wie geht es beiden damit?**

Vermutlich wird Susi Sausewind diejenige sein, die die Situation schildert und auch die Fragen beantwortet. Wichtig ist nur, dass Sie immer wieder auch Isidor Schlampig ins Gespräch mit einbeziehen und damit auch zu ihm Kontakt halten. Sieht Isidor Schlampig es auch so? Hat er noch etwas zu ergänzen? Hat er noch andere Fragen? In welchen Punkten bewerten die Mandanten die Situation unterschiedlich?

c) Die Lösungsphase

Auch hier können Sie dem normalen Ablauf des Beratungsgesprächs folgen. Aber auch hier gilt, beide Mandanten einzubeziehen. Bezogen auf unser Beispiel:

- Hat Isidor Schlampig vielleicht die Idee, dass er allein Inhaber von „Susis schicke Arbeitsmode“ wird und Susi als Aushilfskraft anstellt? Zumindest müssen Sie fragen, ob er noch andere Möglichkeiten sieht.
- Hat Isidor Schlampig noch andere Gesichtspunkte für die Bewertung der verschiedenen Alternativen? Auf jeden Fall müssen diese Gesichtspunkte bei der Bewertung mit aufgenommen werden. In Einzelfällen mag es hilfreich sein, unterschiedliche Ansichten grafisch darzustellen, z.B. auf einem Flipchart aufzuschreiben. Aber hüten Sie sich, in eine Diskussion zwischen beiden Mandanten darüber zu verfallen, wer mit seiner Bewertung Recht hat. Besser ist, die unterschiedlichen Bewertungen zu notieren und anschließend gemeinsam eine Lösung zu erarbeiten, die beide gerne annehmen wollen.

d) Die Abschlussphase

In der Einzelberatung muss der Mandant oder die Mandantin letztlich die Entscheidung treffen. In der Beratung mit mehreren Mandanten müssen beide zustimmen. Sind beide mit dem Ergebnis einverstanden? Stimmen beide bei den nächsten Schritten zu?

Für Sie als Berater heißt das, gerade hier wieder sorgfältig zu sein. Jeder ist explizit zu befragen, ob er mit der Lösung einverstanden ist. Hierbei ist auch auf die Körpersprache zu achten. Deuten sich bei einem noch Bedenken an? Wenn das der Fall ist, dann macht es Sinn, hier nochmals einzuhalten und nachzufragen.

Übrigens: Susi Sausewind und Isidor Schlampig haben sich für eine GmbH entschieden. Vereinbart wurde, dass Sie als Anwalt einen Entwurf für einen Gesellschaftsvertrag erstellen.

Wenn Sie mit mehr als zwei Mandanten zu tun haben, ändert sich der Ablauf nicht grundsätzlich. Aber er wird noch komplexer:

- Sie haben noch mehr Personen, auf die Sie achten müssen.
- Sie müssen zu mehr Personen Kontakt aufbauen.
- Sie müssen mehr Personen in das Gespräch einbeziehen, danach fragen, ob sie noch etwas zu ergänzen haben oder einen Punkt anders sehen.
- Sie müssen eine Lösung finden, der alle zustimmen.

Übrigens: Versuchen Sie, Diskussionen zwischen verschiedenen Mandanten über einzelne Punkte so weit als möglich zu unterbinden. Solche Diskussionen sind in der Regel ebenso langatmig wie unfruchtbar. Lassen Sie die unterschiedlichen Einschätzungen nebeneinander stehen und konzentrieren Sie sich dann in der Lösungsphase auf eine Lösung, der alle zustimmen bzw. die auch mögliche Bedenken einzelner berücksichtigt.

Tipp: Beratungen mit zwei oder mehreren Mandanten erfordern hohe Sensibilität und sind nicht immer leicht. Nutzen Sie jede Möglichkeit Erfahrungen zu sammeln und für diese Situation sensibel zu werden. Wenn Sie selbst noch nicht so viel Erfahrung haben, macht es Sinn, einen erfahrenen Anwalt in einem solchen Gespräch zu begleiten. Richten Sie dabei Ihre Aufmerksamkeit weniger auf den Inhalt, sondern auf das, was in der Kommunikation abläuft: Wie wird der Kontakt zu den unterschiedlichen Mandanten aufgebaut? Gelingt es, alle einzubeziehen? Oder deuten sich „Subsysteme" an? Wird die Lösung von allen akzeptiert? Das Entscheidende dabei ist, Sie schulen Ihre Wahrnehmung!

Kapitel 3: Konfliktberatung

„*Wenn es keine Konflikte gäbe, bräuchte man keine Juristen*“ – dieser Satz stimmt sicherlich nicht ganz. Aber auf der anderen Seite sind Konflikte gleichsam das Alltagsthema von Juristen: Konflikte sind klassisches Thema gerichtlicher Auseinandersetzungen: der Konflikt zwischen Susanne Sausewind und ihrem Chef, Konflikte zwischen Nachbarn, Ehepartnern, Konflikte über erbrachte Leistungen und Gewährleistung...

Aber von diesen Konflikten, die Gegenstand juristischer Beratung sind und rechtlicher Klärung bedürfen, soll in diesem Kapitel nicht die Rede sein. Hier geht es um Konflikte, an denen Sie als Person in stärkerem Maße beteiligt sind: Konflikte, in denen Sie selbst Betroffener sind (also um eigene Auseinandersetzungen in einem Konflikt), und um Konflikte, in denen Sie die Rolle des Mediators haben, also versuchen, eine Einigung zwischen beiden zu erzielen. Beide Arten von Konflikten sollen im Folgenden behandelt werden. Aber zuvor wollen wir uns Konflikte noch etwas genauer anschauen. Ein Konflikt: Was ist das eigentlich?

I. Konflikte: Was ist das eigentlich?

„*Ein Konflikt... ist... eine Situation, in der gleichzeitig entgegengesetzt gerichtete dabei aber annähernd gleich starke Kräfte auf das Individuum einwirken*“ – so hat im Jahr 1931 Kurt Lewin (1931, 11) „Konflikt“ definiert. Diese Definition ist sehr allgemein und schließt soziale Konflikte zwischen verschiedenen Personen und sog. interpersonale Konflikte, die innerhalb einer Person ablaufen, mit ein. Wenn Sie mit sich im Konflikt sind, ob Sie ein Mandat annehmen sollen oder nicht, dann ist auch das gemäß dieser Definition ein Konflikt.

Doch von solchen intrapersonalen Konflikten soll in diesem Kapitel nicht die Rede sein. Hier geht es um soziale Konflikte, die zwischen verschiedenen Parteien ablaufen. Sicherlich wirken auch hier verschiedene Kräfte (was der Betreffende selbst will und was der „Gegner“ durchzusetzen versucht) auf den einzelnen ein. Eine andere Definition von sozialen Konflikten gibt Friedrich Glasl, ein niederländischer Konfliktforscher:

> *»Sozialer Konflikt ist eine Interaktion zwischen Aktoren (Individuen, Gruppen, Organisationen und so weiter), wobei wenigstens ein Aktor Unvereinbarkeiten im Denken/Vorstellen/Wahrnehmen und/oder Fühlen und/oder Wollen mit dem anderen Aktor (anderen Aktoren) in der Art erlebt, dass im Realisieren eine Beeinträchtigung durch einen anderen Aktor (die anderen Aktoren) erfolge (Glasl 2020,14f.; ähnlich 2003, 123f.).*

Das klingt recht kompliziert, gibt aber die Möglichkeit, Merkmale von sozialen Konflikten deutlich herauszuarbeiten. Nehmen wir dazu als Beispiel den Konflikt zwischen Susi Sausewind und ihrem Chef

1. An sozialen Konflikten sind grundsätzlich mehrere Personen (Akteure) beteiligt

In dem Beispiel von Susi Sausewind sind offenkundig Susi Sausewind und ihr Chef beteiligt. Sie sind die beiden Gegner, die sich in offener Auseinandersetzung befinden. Möglicherweise spielen aber auch noch andere Personen eine Rolle, etwa einzelne Kollegen von Susi Sausewind, die sie aufstacheln „lass dir das nicht gefallen“, vielleicht auch ihr Verlobter („lass dir das nicht gefallen!“) oder ältere Kollegen, die Partei des Chefs ergreifen („so etwas ist unmöglich“).

2. Soziale Konflikte zeichnen sich durch gegensätzliche Deutungen der Situation aus

Paul Watzlawick erzählt in dem Buch „Anleitung zum Unglücklichsein die amüsante Geschichte vom Menschen mit dem Hammer, die zum Nachdenken anregt: *„Ein Mann will ein Bild aufhängen. Den Nagel hat er, nicht aber den Hammer. Der Nachbar hat einen. Also beschließt unser Mann, hinüberzugehen und ihn auszuborgen. Doch da kommt ihm ein Zweifel: Was, wenn der Nachbar mir den Hammer nicht leihen will? Gestern schon grüßte er mich nur so flüchtig. Vielleicht war er in Eile. Aber vielleicht war die Eile nur vorgeschützt, und er hat etwas gegen mich. Und was? Ich habe ihm nichts angetan; der bildet sich da etwas ein. Wenn jemand von mir ein Werkzeug borgen wollte, ich gäbe es ihm sofort. Und warum er nicht? Wie kann man einem Mitmenschen einen so einfachen Gefallen abschlagen? Leute wie dieser Kerl vergiften einem das Leben. Und dann bildet er sich noch ein, ich sei auf ihn angewiesen. Bloß weil er einen Hammer hat. Jetzt reicht's mir wirklich. - Und so stürmt er hinüber, läutet, der Nachbar öffnet, doch noch bevor er "Guten Tag" sagen kann, schreit ihn unser Mann an: "Behalten Sie sich Ihren Hammer, Sie Rüpel!"* (Watzlawick, 1983, 37 f.).

Dass Menschen sich ein Bild von der Wirklichkeit machen und auf der Basis dieses Bildes handeln, ist eine der Grundthesen der sog. „Handlungstheorie“. Je nachdem, wie wir eine Situation verstehen und erleben, werden wir anders handeln. Das Gleiche gilt für Konflikte: Sie resultieren aus einer bestimmten Deutung der Wirklichkeit. Bezogen auf Susi Sausewind: Vermutlich erlebt ihr Chef ihr Verhalten als „Provokation“ – und eben deshalb reagiert er mit einer Kündigung. Wenn er es als mehr oder weniger selbstverständliches (vielleicht ihm persönlich etwas fremdes) Verhalten „in der heutigen Zeit“ verstehen würde, wäre die Situation völlig anders. Auf der anderen Seite deutet Susi Sausewind das Verhalten ihres Chefs möglicherweise als Unverschämtheit oder als Rachsucht eines alten Knackers.

Im Wesentlichen sind es hier zwei unterschiedliche Deutungen, die kennzeichnend für Konflikte sind:

- Das Verhalten des anderen wird negativ gedeutet: als Provokation oder Unverschämtheit, möglicherweise als Rachsucht. Entsprechendes gilt für andere Konflikte.
- Das eigene Verhalten wird als Reaktion auf das des Konfliktpartners gedeutet: Der Chef „reagiert“ (seinem Verständnis zufolge) auf das Verhalten von Susi Sausewind; Susi Sausewind wiederum „reagiert“ auf den Chef. Auch das

kennen Sie sicherlich von anderen Konflikten: Bei wechselseitigen Angriffen sieht sich jeder immer nur als der Angegriffene, der sich verteidigt.

3. Soziale Konflikte sind durch sog. Regelkreise (wiederkehrende Verhaltensmuster) gekennzeichnet

Auch dafür gibt es ein anschauliches Beispiel bei Paul Watzlawick. Stellen Sie sich zwei Ehepartner vor, der Ehemann hat sehr viel im Büro zu tun, kommt abends spät nach Hause, während die Ehefrau schon längere Zeit gewartet hat (man kann sich das Beispiel auch mit vertauschten Rollen vorstellen: sie kommt abends spät nach Hause, er dagegen hat schon längere Zeit gewartet). Wenn die Ehefrau schon lange Zeit gewartet hat, ist durchaus denkbar, dass sie ihren Partner mit Vorwürfen empfängt. Doch in der Erwartung, dass der andere dadurch sein Verhalten ändert, dürfte sie sich getäuscht haben: Er kommt an den nächsten Abenden eher noch später. Was ist hier abgelaufen?

Jede der beteiligten Personen deutet die Situation anders (und zwar negativ), und dadurch entsteht ein stabiles Verhaltensmuster, bei dem sich das Verhalten wechselseitig verstärkt:

> *Sie denkt: „die Arbeit ist ihm wichtiger als ich", und eben darauf reagiert sie mit Vorwürfen*
>
> *Er denkt „jetzt habe ich einen anstrengenden Bürotag, und Ärger mit dem Chef gehabt. Und anstelle mich dann zuhause erholen zu können, werde ich mit Vorwürfen empfangen" – und es ist durchaus wahrscheinlich, dass er aufgrund dieser Deutung in den nächsten Tagen keineswegs früher, sondern eher noch später kommt, vielleicht noch zu einer After-Work-Party geht.*

Als Merkmal von Konflikten wird deutlich: die wechselseitigen Verhaltensweisen verstärken sich, es entsteht ein stabiles Verhaltensmuster. Auch andere Konflikte sind durch solche Verhaltensmuster gekennzeichnet, bei denen sich das Verhalten wechselseitig verstärkt. Sie kennen sicher solche Situationen, hier einige Beispiele:

A und B greifen sich in einer Diskussion wechselseitig an. A kritisiert, B wehrt ab. In einer Diskussion wird endlos über Nebensächlichkeiten diskutiert, wobei die Hauptpunkte außer Betracht bleiben. Dabei kann der Konflikt mehr oder weniger offen oder verdeckt ausgetragen werden.

4. Konflikte durchlaufen eine Entwicklung

Sie kennen das sicherlich aus eigener Erfahrung: Aus Kleinigkeiten entsteht ein Konflikt, der allmählich eskaliert. Fritz Glasl, der bereits erwähnte niederländische Konfliktforscher, hat dazu sowohl aus dem politischen, als auch aus dem wirtschaftlichen Bereich Beispiele zusammengetragen: Ein politischer Konflikt zwischen verschiedenen Nationen eskaliert und führt dann möglicherweise zu einer kriegerischen Auseinandersetzung. Ein Konflikt innerhalb eines Unternehmens kann zum Zusammenbruch des gesamten Unternehmens führen. Oder Konflikte zwischen Nachbarn eskalieren, bis sie dann schließlich vor Gericht ausgetragen werden.

Diese Merkmale von Konflikten kennzeichnen zugleich die Punkte, bei denen eine Konfliktlösung ansetzen kann. Grundsätzlich bieten sich dafür zwei Möglichkeiten:

- **Die Situation bzw. das Verhalten des anderen positiver zu deuten**: Bleiben wir bei unserem Eingangsbeispiel: Wenn der Ehemann das Verhalten der Frau nicht als Kritik, sondern als Besorgnis oder Interesse deuten würde, hätte er andere Möglichkeiten, mit der Situation umzugehen. Entsprechend: Wenn die Ehefrau im Verhalten des Mannes nicht deuten würde, dass ihm seine Arbeit wichtiger ist, sondern als Stress und Belastung, könnte sie ihn ganz anders begrüßen.
- **„Etwas anderes tun“**: Das ist im Grunde ganz einfach. Der Konflikt ließe sich auflösen, wenn einer der Beteiligten etwas anderes täte. Wenn also die Frau z.B. ihren Mann mit einem Cocktail begrüßen würde, aber auch, wenn sie überhaupt nicht da sondern ausgegangen wäre (es kommt im Grunde nicht darauf an, was das Andere ist), dann hätte sich die Situation verändert. Entsprechend: Wenn der Mann der Frau Blumen mitbringen würde oder sie zum Essen in die Stadt einladen würde oder..., auch dann hätte sich die Situation verändert.

Im Grunde haben Sie damit die Prinzipien, die Sie zur Lösung von Konflikten benötigen: die Situation positiver deuten bzw. etwas anderes tun. Je nach der Situation – ob Sie selbst im Konflikt befangen sind oder andere Personen bei der Lösung eines Konfliktes unterstützen – werden diese Prinzipien nur anders umzusetzen sein. Dafür möchten wir Ihnen im Folgenden einige Anregungen geben.

II. Hilfe: ich stecke in einem Konflikt: wie komme ich raus?

Trotz aller Professionalität: Niemand ist dagegen gefeit, in einen Konflikt zu fallen. Das mag ein Konflikt mit einem Kollegen sein, einem Mitarbeiter, einem Seniorpartner der Kanzlei – oder mit wem auch immer. Und trotz aller Professionalität, die Sie ansonsten haben: Wenn man selbst in einem Konflikt befangen ist, fällt es einem schwer, rational vorzugehen. Man reagiert eher. Genauer: Man verfällt in die Muster, die wir im vorigen Abschnitt dargestellt haben: Man deutet das Verhalten des anderen negativ, sieht sich selbst als „Opfer“, man verfängt sich in einem Regelkreis, der Konflikt eskaliert. Und im Grunde muss man nur die Prinzipien anwenden, die wir oben dargestellt haben: die Situation positiver sehen, etwas anderes tun, den Konflikt versuchen zu deeskalieren. Aber in der Theorie ist das leichter als in der Praxis – vermutlich haben Sie selbst schon diese Erfahrung gemacht. Dafür im Folgenden einige Anregungen, die Ihnen helfen können.

1. Schritt 1: Werden Sie sich des Konfliktes bewusst!

Offene Konflikte nimmt man sehr schnell wahr. Aber man nimmt sie möglicherweise zu spät wahr – nämlich erst dann, wenn der Konflikt wirklich eskaliert ist. Meist sind es ja dann Kleinigkeiten, in denen sich ein Konflikt andeutet – oder es handelt sich überhaupt um einen verdeckten Konflikt, der nicht aus wechselseitigen Angriffen, sondern aus kleinen Sticheleien besteht, die man möglicherweise überhaupt nicht bewusst wahrnimmt. Von daher: Werden Sie sich eines sich möglicherweise erst anbahnenden Konfliktes bewusst:

- **Achten Sie auf Ihr Gefühl**: Meist nimmt man sich anbahnende Konflikte zunächst gefühlsmäßig wahr. Man hat das Gefühl, dass etwas nicht in Ordnung ist, oder dass man auf der Stelle tritt und nicht weiterkommt. Lernen Sie, sensibel für solche Gefühle zu werden; sie sind letztlich nichts anderes als ein „inneres Frühwarnsystem", das Sie auf mögliche Probleme aufmerksam macht.
- **Achten Sie auf immer wiederkehrende Verhaltensmuster**: Immer wieder haben Sie versucht, Zeit für ein Gespräch mit einem Kollegen zu finden, aber immer wieder wird der Termin verschoben. Möglicherweise deutet sich hier ein Konflikt an. Auch hier: werden Sie für solche Muster sensibel. Wenn Sie drei Mal etwas versucht haben (ein Gespräch zu führen, eine Information zu bekommen...) – mit hoher Wahrscheinlichkeit haben Sie sich in einem Verhaltensmuster verfangen.

2. Schritt 2: Schaffen Sie Distanz!

Vermutlich kennen Sie das aus eigener Erfahrung: Auf dem Gang geraten Sie mit einem Kollegen aneinander. Ein Wort ergibt das andere, es wird hitziger, ein Konflikt entsteht. In dieser Situation haben Sie kaum eine Möglichkeit, sich aus dem Konflikt zu lösen. Sie sind in der Situation befangen und reagieren nur noch. Von daher Schritt 2: Distanz schaffen!

- **Unterbrechen Sie das Gespräch**: Das ist in vielen Fällen die sicherste Möglichkeit, Distanz zu schaffen. Schlagen Sie vor, das Gespräch im Büro zu führen, machen Sie in einer hitzigen Diskussion fünf Minuten Pause, vereinbaren Sie einen anderen Termin. In jedem Fall gewinnen Sie etwas Zeit, beide können sich abkühlen, Sie haben die Möglichkeit, nachzudenken (und wenn es nur auf dem Weg vom Gang in das Büro ist).
- **Schaffen Sie innerlich Distanz**: Wenn Sie keine Möglichkeit haben, eine hitzige Diskussion zu unterbrechen, dann versuchen Sie, innerlich etwas Distanz zu gewinnen: Lassen Sie den anderen auf Sie einreden, rücken Sie möglicherweise ihren Stuhl einige Zentimeter zurück, lehnen Sie sich etwas zurück – all das kann Distanz schaffen. Versuchen Sie nicht sofort etwas zu entgegnen (eben das ist ja Ihr Anteil, der den Konflikt verstärkt), sondern hören Sie einfach zu. Sie gewinnen dadurch etwas Zeit zum Nachdenken.

3. Schritt 3: Analysieren Sie den Konflikt!

Dieser Schritt ist entscheidend: Wenn Sie die Konfliktstruktur erfassen, haben Sie die Möglichkeit, neue Lösungen zu entwickeln. Wenn irgend möglich, nehmen Sie sich dafür etwas Zeit:

- **Versuchen Sie, die Regelkreise herauszufinden**: Was passiert immer wieder? Was tut Ihr Konfliktpartner? Wie reagieren Sie darauf? Wie haben Sie bisher versucht, das Problem zu lösen? Denken Sie daran, die bisherigen Lösungsversuche, wenn sie nicht zum Erfolg geführt haben, sind Teil des Problems und verstärken möglicherweise die Konfliktsituation nur weiter.
- **Stellen Sie den Regelkreis bildlich dar**: Es kann hilfreich sein, den Regelkreis bildlich darzustellen: als Kreis oder ggf. auch, indem Sie die einzelnen Verhaltensweisen möglichst genau (und Äußerungen in wörtlicher Rede) aufschreiben. Das gibt Ihnen die Möglichkeit, gezielter an den einzelnen Stellen des Konfliktverlaufs nach Alternativen zu suchen.
- **Ggf. machen Sie den Regelkreis Ihrem Konfliktpartner gegenüber transparent**: „Ich habe den Eindruck, wir verfangen uns hier in einem Muster: Ich versuche, einen Termin zu finden, aber er kommt nicht zustande“. Schulz von Thun spricht in diesem Zusammenhang von „Metakommunikation“: über die Kommunikation reden. Das kann beiden Seiten helfen, etwas Distanz zu finden und nach neuen Möglichkeiten zu suchen.
- **Analysieren Sie den Regelkreis zusammen mit einem neutralen Dritten**: Nicht selten fällt es einem Betroffenen schwer, selbst so viel Distanz zu gewinnen, dass er die Situation und damit auch sein Verhalten von außen betrachten kann. Hier hilft es, einen neutralen Gesprächspartner zu haben, der einen dabei unterstützt. Vielleicht haben Sie jemanden, der Sie in schwierigen Situationen coacht, oder Sie gehen den Konflikt mit einem nicht betroffenen Kollegen, Freund usw. durch. Möglicherweise müssen Sie ihm zuvor erläutern, was Ihr Anliegen ist und was ein Regelkreis ist – aber er kann Ihnen helfen, indem er die richtigen Fragen stellt und damit Distanz schafft.

4. Schritt 4: Versuchen Sie, das Verhalten des Konfliktgegners anders zu „verstehen“!

Konflikte, so hatten wir eingangs gesagt, sind beeinflusst von Ihrer Deutung der Situation: der Gegner wird negativ gesehen, ihm werden negative Motive unterstellt, er gilt als der Schuldige. Daraus ergibt sich ein erster Schritt für die Lösung des Konfliktes: Versuchen Sie, die Situation und das Verhalten des Gegners anders zu verstehen. Ein Beispiel: Ein Kollege kritisiert Sie fortwährend. Sie werden unsicher, versuchen sich zu verteidigen. Wie deuten Sie das Verhalten des Betreffenden? Vermutlich werden Sie es zunächst als Ablehnung deuten: Er hat etwas gegen Sie, lehnt Sie ab. Und eben aufgrund dieser Deutung werden Sie unsicher. Das Verhalten des Betreffenden lässt sich aber durchaus auch anders deuten: Als Zeichen eigener Unsicherheit, die er hinter seinem Verhalten gleichsam versteckt. Wenn Sie aber das Verhalten als Zeichen von Unsicherheit des anderen deuten, werden Sie anders damit umgehen: Es fällt Ihnen leichter, Ihre Meinung klarer zu vertreten. Und es spricht einiges dafür, dass sich damit der Konflikt auflöst.

Dabei kommt es letztlich gar nicht darauf an, welche Interpretation der Situation die richtige ist. *„Es sind nicht die Dinge, die uns beunruhigen"*, so formulierte vor annähernd 2000 Jahren schon der stoische Philosoph Epiktet, *„sondern die Meinungen, die wir zu den Dingen haben"*. Und ähnlich ist es eine Grundthese des sog. Konstruktivismus Ende des 20. Jahrhunderts, dass wir uns ein Bild der Wirklichkeit konstruieren und auf der Basis dieses Bildes handeln.

Auch hier gilt wieder: in der Theorie klingt das recht einfach. Aber in der Praxis fällt es einem gerade dann, wenn man selbst betroffen ist, schwer, das eigene Bild der Wirklichkeit zu ändern. Auch hier kann es wieder helfen, sich bewusst aus der Situation zu lösen oder das Problem zusammen mit einem neutralen, also nicht betroffenen Gesprächspartner durchzugehen. Dafür wieder einige Fragen, die Sie sich selbst stellen können und die Ihnen dafür Hilfestellung geben können:

- **Überlegen Sie: Was an Ihrem Konfliktpartner finden Sie „wirklich" positiv?** Sie kennen das sicherlich: Gerade in einer Konfliktsituation neigt man zu einem Schwarz-weiß-Bild: sich selbst sieht man als unschuldig oder Opfer, den anderen nur noch als negativ. Doch im Grunde wissen wir: Letztlich ist kein Mensch nur positiv oder nur negativ, sondern jeder hat positive und negative Seiten. Nur fällt es uns gerade in Konfliktsituationen schwer, das Positive am anderen überhaupt noch wahrzunehmen. Versuchen Sie, Ihr Bild Ihres Konfliktpartners zu korrigieren: Was sind Eigenschaften oder Verhaltensweisen, die auch Sie als positiv anerkennen? Das müssen keine großen Themen sein, es reicht, wenn Sie ein oder zwei positive Punkte finden: Er ist gründlich in seinen Arbeiten, er ist in privaten Situationen durchaus unterhaltsam, er ist in seiner Arbeit erfolgreich. Selbst dann, wenn Sie nur einen kleineren Punkt finden, er wird Ihr Bild verändern.
- **Überlegen Sie: Was können positivere oder verständlichere Motive und Ziele sein, die hinter dem Verhalten des anderen stehen?** Häufig interpretieren wir negative Ziele hinter dem Verhalten anderer Personen: Der andere will uns kritisieren, an den Rand treiben, was auch immer. Aber auch hier gilt: diese negativen Ziele müssen nicht die richtigen sein. Vielleicht will der Gesprächspartner durch seine fortwährenden Einwände nicht mich kritisieren, sondern nur seine eigene Unsicherheit kaschieren? Sie merken: der Blick auf solche (möglichen) Ziele eröffnet neue Handlungsmöglichkeiten.

  Rudolf Dreikurs, ein Vertreter der sog. Individualpsychologie des 20. Jahrhunderts, schlägt eine „Neuinterpretation" der Ziele des anderen vor. Dreikurs geht von der These aus, dass es oberstes Ziel eines jeden ist, *„seinen Platz in der Gemeinschaft zu finden"*, das heißt, bei anderen Anerkennung oder zumindest Beachtung zu erhalten, dass es aber verschiedene, positive oder weniger positive Wege gibt, das Ziel zu erreichen. Wenn Sie also von einem Gesprächspartner genervt sind, der fortwährend redet (man kennt solche „Dauerredner" aus Besprechungen), dann kann es daran liegen, dass er gelernt hat, dadurch Beachtung zu erreichen (so Dreikurs). Dreikurs unterscheidet in diesem Zusammenhang unterschiedliche „irrtümliche Ziele", die allesamt dazu dienen, beachtet zu werden: Jemand versucht, die Aufmerksamkeit auf sich zu ziehen, versucht, seine Macht zu zeigen, versucht sich zu rächen oder zeigt seine Hilflosigkeit. Sie merken auch hier: Der „Dauerredner“ oder der Kollege, der Sie immer wieder durch seine Hilflosigkeit „nervt“, erscheint in einem anderen Blick; und Sie werden vermutlich anders („gelassener“) mit ihm umgehen, wenn Sie sein Verhalten im Blick auf das Ziel „er versucht, beachtet zu werden“ interpretieren.

- **Steigen Sie „in die Schuhe des anderen“, das heißt, versuchen Sie, die Situation aus der Perspektive Ihres Konfliktpartners zu sehen**: Wie würde er die Situation deuten? Wie würde er Ihr Verhalten interpretieren? Auch hier gilt wieder, „in die Mokassins des anderen treten“, wie es in einem indianischen Sprichwort formuliert wird, ist nicht leicht. Aber vielleicht hilft es Ihnen, neue Aspekte der Situation zu erkennen und „anders“ mit der Situation umzugehen.

5. Schritt 5: Tun Sie etwas anderes!

Das ist gleichsam die Konsequenz aus den vorausgegangenen Schritten: Einen Regelkreis aufzulösen, bedeutet, etwas anderes zu tun! In der Theorie mag das ja durchaus einsichtig sein: Wenn das eigene Verhalten auch Teil des Regelkreises ist, dann bietet die Veränderung dieses Verhaltens (natürlich auch des Verhaltens des anderen) eine Möglichkeit, den Regelkreis aufzulösen. Nur in der Praxis ist das schwer umzusetzen. Wir tendieren in Konflikten dazu, so formuliert Paul Watzlawick, immer „mehr desselben“ zu machen: mehr zu argumentieren, wenn der andere argumentiert, uns mehr zu verteidigen, je mehr wir angegriffen werden, mehr Druck zu erzeugen, um den Gegendruck auszugleichen. Doch eben das führt in der Regel eben nicht dazu, den Konflikt aufzulösen, sondern führt zu einer Verhärtung der Fronten.

Es gibt eine Fülle von Möglichkeiten, was „etwas anderes“ sein kann. Das können eigene kreative Ideen, ebenso gut aber auch Vorgehensweisen aus Kommunikationskonzepten sein (wie die sog. „Ich-Botschaften“ von Thomas Gordon oder anderen). Was auch immer Sie tun: Wenn es etwas anderes ist, haben Sie eine gute Chance, damit einen Konflikt zu lösen. Wir möchten Ihnen im Folgenden einige Beispiele aufführen – aber es sind wirklich nur Beispiele:

- **Abwarten statt aktiv werden**: Manchmal ist es besser, erst einmal Zeit verstreichen zu lassen oder gar nichts zu tun, statt aktiv zu werden. Es gibt Dinge, die „erledigen sich von selbst“
- **Agieren statt reagieren**: Häufig warten wir, was der andere tut, um dann zu reagieren. Stattdessen: Ergreifen Sie selbst die Initiative!
- **Ich-Botschaften statt Du-Botschaften**: Das Konzept der Ich-Botschaften stammt von Thomas Gordon: Anstatt dem anderen Vorwürfe zu machen (sog. „Du-Botschaften“: „Sie sind...“, „Sie haben...“), in Ich-Form (Ich-Botschaften) die eigenen Empfindungen deutlich machen: „Ich bin wirklich ärgerlich, dass Sie den Termin nicht eingehalten haben“.
- **Wünsche formulieren statt Kritik vorzubringen**: Also nicht „ich ärgere mich, dass ich keine Informationen bekomme“ eher formulieren „Ich wünsche mir, mehr in den Informationsfluss eingebunden zu werden“. Mit Wünschen kann der andere leichter umgehen als mit Kritik. Bei Kritik fühlt man sich angegriffen, bei Wünschen ist man eher bereit, darauf einzugehen.

- **Zuhören statt reden**: Viele Menschen reden zu viel, was dann leicht zu einem „aneinander vorbeireden“ führt. Stattdessen: anhalten, zuhören, den anderen erzählen lassen.
- **Nachfragen statt selbst reden**: Viele Führungskräfte haben die Angewohnheit, zu viel selbst zu reden, anstatt Fragen zu stellen. Hören Sie sich erstmal an, was der andere zu sagen hat und fragen Sie dann nach: „Wo genau liegt das Problem?“, „Was könnte Ihrer Sicht nach dazu geführt haben?“, „Was könnten Ideen sein?“, „Was schlagen Sie vor?“ – Sie werden merken, durch so einfache W-Fragen verändert sich die Situation.
- **Loben und Anerkennung zeigen, statt zu kritisieren**: Wir tendieren dazu, viel Aufmerksamkeit auf das Negative, auf die Probleme zu richten. Stattdessen: Nehmen Sie das Positive wahr, zeigen Sie Anerkennung!
- **Aus der "Wolfssprache" in die "Giraffensprache" wechseln** im Anschluss an das Konzept der Gewaltfreien Kommunikation von Marshall B. Rosenberg: Anstelle dem Anderen Vorwürfe zu machen, die eigenen Gefühle und Bedürfnisse deutlich zu machen und zugleich einfühlsam und empathisch zu sein.
- **Handeln statt reden**: Häufig reden wir zu lange über die Themen, anstatt die Sache selbst in Angriff zu nehmen. Man kann Themen zu Tode reden. Stattdessen: Fangen Sie an, reden Sie nicht lange!
- **Eine Besprechung moderiert durchführen statt endlos zu diskutieren**: Auch das kann einen Regelkreis auflösen. Einen Moderator festlegen, der die Besprechung steuert!

Wie gesagt: die Liste ließe sich verlängern. Was Sie tun, ist letztlich egal – nur, machen Sie etwas anderes! Und machen Sie es konsequent.

6. Schritt 6: Überprüfen Sie: Hat sich etwas verändert?

Hilfreich kann sein, dann nach einiger Zeit nochmals zu Schritt 2 zurückzugehen, sich die Zeit zu nehmen die Situation nochmals zu analysieren: Hat sich etwas verändert? Oder sind Sie weiter in dem Konflikt befangen? Wenn Sie feststellen, dass sich etwas verändert hat, können Sie sich beglückwünschen. Wenn Sie feststellen, dass der Konflikt fortbesteht oder sich nur verschoben hat, geht die Situation nochmals los. Überlegen Sie neu, was stattdessen ein alternatives Vorgehen sein könnte. Möglicherweise werden Sie den Kontakt abbrechen, anstatt sich immer wieder zu bemühen. Auch das ist „etwas anderes“ – vielleicht nicht die Lösung, die Sie sich erhofft haben, aber es verändert für Sie die Situation und ist damit letztlich auch eine Lösung.

Kapitel 4: Mediation: Bei Konflikten vermitteln

Bei Konflikten zu vermitteln, ist ein Konzept, das seit den 70er Jahren des 20. Jahrhunderts, als Mediation in den USA entwickelt wurde, eine genuine Aufgabe von Juristen. Ausgangspunkt war die Tatsache, dass zur Beilegung von Konflikten immer häufiger Gerichte angerufen wurden. Das lenkte die Aufmerksamkeit auf »alternative Konfliktlösungsverfahren« (ADR: Alternative Dispute Resolutions). Mittlerweile ist Mediation auch im deutschsprachigen Raum als Familien- und Scheidungsmediation, als Alternative zu Gerichtsprozessen und nicht zuletzt auch im Unternehmensbereich etabliert.

Mediation, so eine gängige Definition, umfasst »alle Verfahren der Konfliktlösung, in denen ein neutraler Dritter ohne eigentliche Entscheidungsgewalt versucht, sich im Streit befindende Personen auf den Weg zu einer Einigung zu helfen« (Altmann u.a. 2005, 18). Mittlerweile gibt es eine ganze Reihe unterschiedlicher Mediationskonzepte wie das Harvard-Konzept (Fisher u.a. 2004), das Konzept der Klärungshilfe (Thomann 2004), das bereits erwähnte Konzept der Gewaltfreien Kommunikation oder systemisch-lösungsorientierte Ansätze (z.B. Lindemann 2018).

Mediation hat die Aufgabe, zwischen zwei Konfliktparteien eine (außergerichtliche) Einigung zu erreichen. Damit das gelingt, müssen zwei Grundvoraussetzungen erfüllt sein.

- **Es muss die Bereitschaft gegeben sein, sich überhaupt auf eine gemeinsame Konfliktlösung einzulassen**
- **Es muss das bisherige Kommunikationsmuster (zum Beispiel wechselseitige Angriffe, oder „nicht miteinander reden") unterbrochen werden.**

Das herzustellen, ist Ihre Aufgabe als Jurist bzw. Mediator. Daraus ergeben sich drei Grundsätze, an denen Sie sich orientieren können:

I. Grundsätze der Mediation

1. Grundsatz 1: Bereitschaft, sich auf eine gemeinsame Konfliktlösung einzulassen

Der Grundsatz 1 lautet: Versuchen Sie, die Bereitschaft herzustellen, dass sich beide Parteien auf eine gemeinsame Konfliktlösung einlassen!

Dieser Grundsatz erscheint zunächst trivial: Wenn beide Konfliktparteien zu der Mediation erscheinen, haben sie damit nicht schon ihre Bereitschaft signalisiert? Nun, erstens ist überhaupt nicht selbstverständlich, dass tatsächlich beide Parteien überhaupt kommen. Und selbst wenn beide anwesend sind, können Sie nicht davon ausgehen, dass beide an einer „objektiven" Mediation interessiert sind. In der Regel hofft der eine (oder hoffen beide), durch den Mediator zusätzliche Unterstützung zu erhalten, seine Forderungen durchsetzen zu können. Der andere mag möglicherweise als Ziel ansetzen, möglichst ungeschoren aus dieser Situation herauszukommen. Von einem gemeinsamen Interesse an einer „objektiven" oder „gerechten" Konfliktlösung sind sie meilenweit entfernt. Diese Bereitschaft müssen Sie erst wecken. Dazu haben Sie verschiedene Möglichkeiten:

- **Führen Sie mit jedem ein Vorgespräch**: Obwohl es in der Literatur zur Mediation umstritten ist, ein Vorgespräch ist in vielen Fällen hilfreich. Es gibt dem Betroffenen die Möglichkeit, Sie kennen zu lernen. Meist besteht ja zuvor schon Kontakt zu einer der Konfliktparteien und der andere befürchtet Schlimmstes, wenn er zu einer Mediation aufgefordert wird. Zum anderen gibt es Ihnen die Möglichkeit, im Vorfeld Ihre Rolle klar zu machen und den möglichen Nutzen einer Mediation zu verdeutlichen.
- **Machen Sie den Nutzen der Mediation deutlich**: Nun wird nicht unbedingt jeder der Betroffenen im Vorhinein in der Mediation einen Nutzen sehen – insbesondere dann nicht, wenn er befürchtet, dadurch etwas zu verlieren. Aber in der Regel können die „Kosten" verdeutlicht werden, die dadurch entstehen, dass man sich nicht auf eine Mediation einlässt: Zusätzliche Zeit, die für eine Gerichtsverhandlung aufgewandt werden muss, die nervliche Belastung, schließlich die Ungewissheit, am Ende doch noch zu verlieren. Konflikte zeichnen sich ja dadurch aus, dass am Schluss beide verlieren (das ist ein typisches Konfliktmuster) – das zu vermeiden, ist in der Tat der Nutzen, der in vielen Fällen (nicht immer, aber doch oft) überzeugt.

2. Grundsatz 2: Arbeiten Sie mit dem Positiven

Carl Rogers, einer der bedeutendsten Therapeuten des 20. Jahrhunderts, hat die These aufgestellt, dass sich Menschen nur weiterentwickeln, wenn sie selbst Wertschätzung erhalten. Im Grunde steht dahinter eine Alltagserfahrung: Wenn Sie fortwährend und nur kritisiert werden, werden Sie starr und inflexibel, es geht Ihnen die Kreativität verloren, neue Lösungen zu entwickeln und neue Wege zu finden. Konflikte sind demgegenüber dadurch gekennzeichnet, dass jede Konfliktpartei der anderen Wertschätzung versagt, dass nur kritisiert, aber nicht das Positive gesehen und gewürdigt wird. Hier eine Wendung herbeizuführen, ist Ihre Aufgabe als Mediator: Sie haben die Möglichkeit, jedem der Beteiligten gegenüber Wertschätzung zu zeigen, das Positive herauszustellen: Positiv ist, dass beide sich auf die Mediation einlassen, dass einer die Initiative ergriffen hat, der andere – möglicherweise trotz Bedenken – sich darauf eingelassen hat. Positiv kann sein, dass beide letztlich gemeinsame Ziele haben, dass sie sich darauf einlassen, zuzuhören, dass sie möglicherweise in ersten kleinen Punkten zu einer Übereinstimmung gelangen. In der Mediation spricht man hier von den verschiedenen »A's« (Dulabaum 2000, 19ff.): Akzeptanz, Anerkennung (das heißt beide Streitparteien mit Würde und Respekt ansprechen) und Affirmation (beide bestätigen). Ihre Aufgabe als Mediator ist es, ein Minimum an wechselseitiger Wertschätzung zu schaffen, sodass beide Konfliktparteien die Situation als weniger ausweglos sehen und sich selbst weniger angegriffen fühlen.

3. Grundsatz 3: Bleiben Sie neutral

In der Literatur zu Mediation spricht man hier häufig von „Allparteilichkeit“: Sie sollten jede der beteiligten Personen gleichermaßen akzeptieren, nicht für eine Seite Partei ergreifen – Sie sind hier nicht Anwalt der einen Seite, sondern Mediator, der die Möglichkeiten einer Einigung zwischen zwei Parteien auslotet. Und wenn sich einer der Gesprächspartner „von zwei Seiten“ in die Zange genommen fühlt (von seinem Gegner und dem Anwalt), wird er schwerlich zu Zugeständnissen bereit sein, sondern sich nur noch mehr verteidigen, nur noch mehr abwehren. Mit Ihrer Neutralität als Mediator steht und fällt der Erfolg der Mediation.

Nun, das mag als Grundsatz noch relativ einfach nachzuvollziehen sein – aber die Umsetzung in der Praxis ist alles andere als leicht. Sie ist deshalb nicht einfach, da Neutralität nicht nur durch das bestimmt wird, was Sie sagen, sondern auch durch die Art, wie Sie es sagen und durch Ihre Körpersprache: Bereits dann, wenn eine der Konfliktparteien länger erzählt als die andere (und Sie vielleicht noch nachfragen, um die Situation genauer zu klären), kann das den Eindruck erwecken, als würden Sie Partei ergreifen. Oder einer der Gesprächspartner rückt unmerklich näher an Sie heran, Sie sind ihm körpersprachlich mehr zugewandt – und schon wird der andere das als gegen ihn gerichtete Koalition deuten. Positiv gewendet bedeutet das:

- **Wählen Sie eine Sitzposition, die gleichsam neutral zu beiden Gesprächspartnern ist**: Das ergibt in der Regel die Form eines gleichseitigen Dreiecks, bei dem der Abstand zu beiden Gesprächspartnern gleich groß ist.
- **Wenden Sie sich körpersprachlich gleichermaßen beiden Gesprächspartnern zu**: Nehmen Sie zu jedem Blickkontakt auf (also auch dann, wenn einer länger redet, den anderen im Blick behalten), nicken Sie jedem verständnisvoll zu.
- **Verteilen Sie die Redezeit ungefähr gleichzeitig**: Wir hatten es schon erwähnt, wenn der eine länger seine Sicht darstellt, fühlt sich der andere möglicherweise bereits dadurch zurückgesetzt.
- **Zeigen Sie jedem gleichermaßen Wertschätzung und Zustimmung**.

Aber auch hier gilt wieder: Neutralität ist weniger eine Sache der Technik, sondern Ergebnis der eigenen Einstellung. Machen Sie sich deutlich, dass es Ihre Aufgabe ist, neutral zu sein. Aber seien Sie dann (gleichsam in einem zweiten Schritt) sensibel für das, was „unter der Oberfläche“ abläuft: für unmerkliche Veränderungen in der Sitzposition, für die Körpersprache, auch für Ihr eigenes Empfinden.

4. Grundsatz 4: Führen Sie neue Formen der Kommunikation ein

Konflikte sind dadurch gekennzeichnet, dass die betreffenden Parteien nicht über geeignete Kommunikationsformen verfügen, sondern sich in negativen Kommunikationsmustern verfangen: Jeder greift den anderen an, jeder verteidigt sich, es wird versucht, die Situation zu erklären (was den anderen nur zu ebenso langen Erklärungen veranlasst), einer fordert, der andere zieht sich zurück usw. Damit ist es

Ihre Aufgabe als Moderator, überhaupt erst einmal neue Kommunikationsformen einzuführen. Das bedeutet im Einzelnen:

- **Die bisherigen Kommunikationsmuster unterbrechen**: Wenn beide Konfliktparteien sich wechselseitige Vorwürfe machen, dann heißt es, die Diskussion zunächst einmal zu unterbrechen. Das ist manchmal nicht leicht, vor allem, wenn beide Gesprächspartner sich in hitzigen Auseinandersetzungen verfangen. Möglicherweise müssen Sie hier mit besonderem Nachdruck vorgehen: die Kommunikation einige Zeit laufen lassen, sich dann vorbeugen (das ist das körpersprachliche Signal „jetzt geschieht etwas"), mit nachdrücklicher Stimme unterbrechen, ggf. das Vorgehen mit einer Handbewegung („Stopp-Zeichen") unterstreichen, anschließend etwas länger reden (z.B. das Vorgehen erklären), damit sich die Gemüter wieder etwas beruhigen können...
- **Kommunikationsregeln einführen**: Das können einfache Regeln sein wie „einander aussprechen lassen". Wichtig dabei ist, sich die Zustimmung einzuholen „Ich schlage als Regel vor, dass jeder den anderen aussprechen lässt. Ich werde dann dafür sorgen, dass jeder von Ihnen seine Sicht darstellen kann – ist das für Sie in Ordnung?". Und dann müssen Sie ein explizites Nicken oder eine verbale Zustimmung abwarten oder nachdrücklich einfordern. Wenn jemand einer Regel ausdrücklich zugestimmt hat, ist er eher bereit, sich darauf einzulassen – was aber nicht ausschließt, dass beide Parteien in der Hitze des Gefechtes doch wieder in die alten Muster zurückfallen.
- **Komplexe Probleme zergliedern**: Häufig sind in Konflikten zahlreiche Probleme und Themen ineinander verwoben. Der eine Gesprächspartner kommt mit einem Thema, der andere erzählt eine völlig andere Geschichte. Hier ist es Ihre Aufgabe, das Problem zu zergliedern: Um welche Themen handelt es sich? Wo besteht möglicherweise Übereinstimmung, wo genau liegen die Unterschiede? Was ist ein Thema, bei dem am leichtesten eine Einigung zu erzielen ist?

II. Ablauf des Mediationsgesprächs

Für den Ablauf des Mediationsgesprächs können Sie dann wieder die vier Phasen der Gesprächsstruktur zugrunde legen, die wir in Kap. 1 dargestellt haben – nur, dass Sie jetzt nicht nur das Gespräch, sondern zwei, nicht selten widerspenstige Gesprächspartner zu steuern haben. Das heißt im Einzelnen:

1. Orientierungsphase

Hier gelten zunächst die Punkte, die wir im ersten Kapitel bereits genannt haben – nur, dass Sie es jetzt mit zwei Gesprächspartnern zu tun haben. Wir beschränken uns auf das Wesentliche:

- **Sich auf die Beratung innerlich einstellen**: Mediation erfordert Akzeptanz gegenüber beiden Klienten, Empathie und Kongruenz– verbunden mit der Forderung der Neutralität. Machen Sie sich Ihre Rolle bewusst.
- **Das äußere Umfeld vorbereiten**: Wie lässt sich eine symmetrische Sitzordnung einrichten, in der der Berater gleichen Abstand zu beiden Klienten hat? Wo soll das Flipchart stehen? Welchen Platz markiert der Berater als den seinigen?
- **Die Kommunikation der Gesprächspartner beobachten**: Wer betritt als erstes den Raum? Welcher Platz wird gewählt? Wird der Berater freundlich oder gar überschwänglich begrüßt (was darauf hindeutet, dass hier der Betreffende versucht, mit ihm eine Koalition gegenüber dem anderen Klienten zu bilden) oder eher reserviert, was ein Hinweis darauf sein kann, dass der oder die Betreffende eigentlich gar kein Interesse an der Beratung hat.
- **Zu jedem der Gesprächspartner positiven Kontakt aufbauen**: Sich körpersprachlich auf den Gesprächspartner einstellen, Blickkontakt aufnehmen, ihn persönlich begrüßen (mit Namen anreden), ihm danken, dass er gekommen ist.
- **Die eigene Rolle verdeutlichen**: Auch wenn das in den Vorgesprächen bereits geschehen ist, muss es hier nochmals verdeutlicht werden: „Meine Aufgabe ist nicht, Partei zu ergreifen oder Schiedsrichter zu sein. Sondern meine Aufgabe ist, Sie zu unterstützen, eine Lösung zu finden, auf die jeder sich einlassen kann“.

Daran schließt sich die Festlegung von Thema und Ziel des Beratungsgesprächs an. Das kann manchmal einfach sein – etwa dann, wenn beide Gesprächspartner bereits mit dem Ziel in das Beratungsgespräch kommen, ihren Konflikt zu lösen. Aber was ist, wenn beide sehr unterschiedliche Ziele haben? Hier hilft es, die Diskussion auf eine andere Ebene zu verlagern. Wenn es z.B. in einer Erbstreitigkeit darum geht, wie viel jede Partei erhält, dann kann das Ziel für das Mediationsgespräch nur sein, eine Lösung zu finden, auf die sich jede Partei einlassen kann.

Solche „Meta-Ziele“ sind häufig der entscheidende Ansatz für Mediationsgespräche: Ziel kann sein, abzuklären, ob eine Einigung bezüglich der strittigen Punkte möglich ist, ob es eine für beide Parteien akzeptable Lösung gibt, ob sich Möglichkeiten finden, den Konflikt zu entschärfen. Sie können auch direkt fragen. Im Blick auf die unterschiedlichen Anliegen: Was kann angesichts dieser unterschiedlichen Positionen ein Ziel sein, auf das Sie sich beide einlassen können?

Manchmal können sich auch beide auf ein Ziel einigen, das nur einer formuliert. Aber fragen Sie hier beim anderen genau nach: „Können auch Sie sich auf dieses Ziel einlassen?“.

Gerade bei Konfliktberatung müssen Ergebnis der Orientierungsphase eindeutige Kontrakte sein:

- Kontrakt über das Thema
- Kontrakt über das Beratungsziel

- Kontrakt über die Rolle des Beraters als neutralen Dritten, der unterstützt, eine gemeinsame Lösung zu finden

Ihre Aufgabe als Mediator ist dann, diese Kontrakte abzusichern: Lassen sich wirklich beide auf dieses Thema, dieses Ziel des Gesprächs und auf Ihre Rolle als Mediator ein? Nicht selten versucht einer der Beteiligten auszuweichen „na, schauen wir mal". Doch „schauen wir mal" verpflichtet zu nichts. Hier gilt es, genau nachzufragen und eine klare Antwort einzufordern.

Wenn es Ihnen gelungen ist, ein gemeinsames Ziel für das Gespräch festzulegen, können Sie das positiv hervorheben und bereits als Erfolg nutzen: Es ist beiden Gesprächspartnern gelungen, sich auf ein gemeinsames Ziel zu einigen – und das kann ein erster Schritt Richtung einer Einigung insgesamt sein.

2. Klärungsphase

Eine Konfliktsituation zeichnet sich durch gegensätzliche subjektive Deutungen aus. Jeder sieht die Situation anders, jeder sieht die Schuld bei dem anderen, jeder hat ein anderes Bild der Vergangenheit. Jetzt herauszufinden, „was wirklich war", ist ein ebenso langatmiges wie vergebliches Unterfangen. Es gibt eben nicht „die Wirklichkeit" an sich, sondern es gibt immer nur unterschiedliche Perspektiven und damit unterschiedliche Bilder. Damit kann es nur Ziel der Klärungsphase sein, die verschiedenen Sichtweisen transparent zu machen: Wie hat der eine die Situation erlebt und gedeutet? Wie der andere? Wo liegen die Hauptunterschiede? Wo aber gibt es möglicherweise auch Gemeinsamkeiten? Für den Ablauf der Klärungsphase bedeutet das:

- **Die jeweilige Darstellung der Situation steuern**: Hilfreich ist, zu Beginn nochmals Ziel und Regeln der Klärungsphase zu vereinbaren: „Ziel ist, dass jeder die Möglichkeit hat, seine Sichtweise darzustellen. Regel ist, einander ausreden zu lassen". Hilfreich ist auch, offen zu lassen, wer anfängt. Wenn Sie die Reihenfolge zuweisen, dann besteht bereits dadurch die Gefahr, dass Sie „ins System fallen" – möglicherweise erlebt der andere Gesprächspartner das als Zurückweisung.
- **Während des Erzählens zuhören und nachfragen**: Dabei gilt jedoch, die Aufmerksamkeit immer auch auf den anderen Gesprächspartner zu richten. Ist er überhaupt noch bereit und in der Lage, zuzuhören? Wann sollte ihm die Möglichkeit gegeben werden, seine Sicht darzustellen?
- **Anschließend den anderen Gesprächspartner zu Wort kommen lassen**: „Wie sehen Sie die Situation?" oder: „Können Sie die Situation aus Ihrer Sicht schildern?". Es ist auch möglich, die Schilderung des Gesprächspartners als Thema zu nehmen: „Ich sehe, dass Ihnen viel durch den Kopf gegangen ist, als Sie zuhörten. Möchten Sie erzählen?"
- **Gegebenenfalls alltägliche Verhaltensmuster unterbrechen**: Während der Schilderung besteht häufig die Gefahr, dass der andere unterbricht: „Nein, in

Wirklichkeit war das so ...“, oder dass einer auf den anderen einredet. Hier ist es Aufgabe des Beraters diesen Regelkreis zu unterbrechen.

- **Jeweilige Sichtweisen übersetzen**: Im Rahmen der Klärungsphase werden häufig Sachverhalte oder Empfindungen deutlich, die dem anderen Konfliktpartner bislang nicht bekannt waren. Damit bietet sich die Möglichkeit der Übersetzung: „Wussten Sie schon, dass ...?“. Dabei kann es hilfreich sein, nochmals zu wiederholen, zusammen zu fassen oder aktiv zuzuhören: „Ich höre bei Ihnen heraus, Herr Scholz, dass Sie sich allein gelassen fühlten und Unterstützung gewünscht hätten. Ist es das?“ Anschließend kann man dann zum anderen Gesprächspartner wechseln: „Wenn Sie das hören, was geht Ihnen dabei durch den Sinn?“
- **Ziele klären, die hinter den Positionen stehen**: Dieser Schritt spielt in der Mediation eine große Rolle (z.B. Bitzer u.a. 2002, 144f.; Duve u.a. 2003, 156ff.). Positionen sind Gegensätzlichkeiten, die isoliert betrachtet werden. Hinter den Positionen stehen aber immer übergeordnete Interessen beziehungsweis Ziele. Positionen werden verständlicher im Blick auf die jeweiligen Ziele.
- **Gemeinsamkeiten und Unterschiede herausarbeiten**: Es kann das Hauptergebnis der Klärungsphase sein, dass deutlich wird, dass nicht nur Gegensätze bestehen, sondern dass es gemeinsame Ziele, Übereinstimmung in bestimmten Punkten oder Themen gibt, bei denen schnell eine Einigung möglich erscheint. Damit verändert sich „das Bild der Wirklichkeit“: Es ist nicht mehr ein totaler Gegensatz, sondern es ergibt sich eine differenziertere Sichtweise, die dann möglicherweise die Basis für eine Einigung bietet.

Damit ist Klärung einer Situation immer schon ein Stück Veränderung, indem unterschiedliche Auffassungen, aber auch Gemeinsamkeiten deutlich werden. Möglicherweise besteht die Gemeinsamkeit darin, dass beide Gesprächspartner die Situation als belastend erleben, dass sie beide letztlich gemeinsame Ziele verfolgen oder dass es für jeden um Wertschätzung und Anerkennung geht. Abschluss der Klärungsphase ist dann, das bewusst zu machen: die Bereitschaft beider Gesprächspartner, sich auf die Klärung einzulassen, zu würdigen, die wichtigen Erkenntnisse hervorheben, die positiven Gemeinsamkeiten herausarbeiten, die Bereitschaft der Klienten zu einer gemeinsamen Lösung zu unterstreichen.

3. Lösungsphase

Aus einer Außenperspektive erscheint es meist einfach, sich zusammenzusetzen und eine Lösung zu erarbeiten. Nur fällt in einer Konfliktsituation gerade das den Betreffenden schwer. Es fällt ihnen schwer, weil sie damit ihr negatives Bild, das sie vom anderen haben, korrigieren müssen. Von daher gilt auch hier: Voraussetzung für eine Einigung ist die Arbeit mit dem Positiven. Es ist herauszustellen, dass jeder positive oder verständliche Ziele hat, dass es um gemeinsame Anliegen geht, dass sich jeder auf das Gespräch eingelassen hat. Daraus ergeben sich folgende mögliche Vorgehensweisen:

- **Das Erreichte würdigen**: In vielen Fällen kann ein sinnvoller erster Schritt der Lösungsphase sein, den Klienten nochmals zu verdeutlichen, was sie bereits geschafft haben.
- **Komplexe Problemsituationen zergliedern und mit einem leicht zu lösenden Problem anfangen**: Konfliktsituationen bestehen in der Regel aus mehreren Problemen. Dabei mit dem „schwierigsten Problem" zu beginnen, ist meist wenig zielführend, weil dieses Problem (jetzt) noch nicht zu lösen ist. Hilfreicher ist, mit einem leicht zu lösenden Teilproblem zu beginnen: Was kann ein leichter zu lösendes Teilproblem sein? Was könnte ein erster Schritt sein? Damit lernen die Gesprächspartner, dass Lösungen möglich sind, lernen, konstruktiv miteinander zu kommunizieren und können dieses Ergebnis dann in weiteren Sitzungen für die Lösung schwierigerer Probleme nutzen.
- **Bisherige Lösungsversuche streichen**: Erfolglose bisherige Lösungsversuche sind Bestandteil eines Regelkreises und damit Teil des Problems. Eine Liste der erfolglosen bisherigen Lösungsversuche kann helfen, die Energie auf neue Lösungen zu konzentrieren.
- **Brainstorming**: Auf dieser Basis können in der Beratung neue Möglichkeiten zur Lösung des Problems gesammelt werden. Was wäre in dieser Situation ein anderes Verhalten, das die beiden Konfliktparteien bislang noch nicht versucht haben? Was wären möglicherweise „verrückte" Ideen? Aufgabe der Beraterin hierbei ist, auf die Einhaltung der Brainstormingregel „erst sammeln, nicht bewerten" zu achten – ansonsten wird bei der ersten Idee der Konflikt sofort wieder aufbrechen. Anschließend können dann die Ideen von beiden Konfliktparteien gepunktet werden, um Ansatzpunkte für eine gemeinsame Lösung zu finden.
- **Als Experte Lösungen vorschlagen**: Hilfreich kann auch sein, wenn Sie als Experte mögliche Lösungen vorschlagen. Aber wichtig: Das sind dann auch wieder nur mögliche Lösungen. Hilfreich kann dabei auch sein, mehrere Alternativen vorzuschlagen, zwischen denen die Gesprächspartner abwägen können.
- **Entwicklung einer Problemlösungsstrategie anstelle inhaltlicher Diskussion**: Wenn man bei einer inhaltlichen Lösung nicht weiterkommt, kann es hilfreich sein, sich stattdessen über das weitere Vorgehen zu einigen. Möglicherweise besteht ein erster Schritt darin, dass sich jede der Konfliktparteien nochmals die verschiedenen Möglichkeiten durch den Kopf gehen lässt und einige Zeit zur Deeskalation nutzt, dass man weitere Daten erfasst, oder Pro-Contra-Argumente bzw. mögliche Risiken zusammenträgt.

Damit wird zwar keine Einigung über inhaltliche Themen erreicht, wohl aber eine Einigung über das Vorgehen in solchen Situationen. Damit wird der Konflikt entschärft; beide Parteien haben sich auf ein gemeinsames Vorgehen eingelassen.

4. Abschlussphase

Wie auch in sonstigen Gesprächen gilt es, das Ergebnis festzumachen, den Handlungsplan für die nächsten Schritte festzulegen und das Gespräch offiziell zu beenden. Aber auch hier ist die Aufmerksamkeit wieder nicht nur auf einen, sondern auf beide Gesprächspartner zu richten. Für das Vorgehen ergeben sich daraus folgende Schritte:

- **Zusammenfassung der Ergebnisse**: Häufig kann das ein geeigneter Einstieg in die Abschlussphase sein. Sie fassen das Wichtigste nochmals zusammen: Wie war das Vorgehen, welche Themen wurden bearbeitet, was wurde erreicht? Das gibt beiden Gesprächspartnern die Möglichkeit, sich aus der inhaltlichen Diskussion zu lösen und den Prozess zu reflektieren.
- **Vereinbarung zwischen den Gesprächspartnern**: Das entscheidende Ergebnis bei der Mediation besteht darin, dass Vereinbarungen zwischen beiden Parteien geschlossen werden. Beide vereinbaren zum Beispiel, bestimmte Regeln, in einer Hausstreitigkeit miteinander umzugehen. Für Sie als Mediator heißt das, darauf zu achten, dass beide sich dabei anschauen, direkt ansprechen und dass beide tatsächlich zustimmen (also kein „schauen wir mal").
- **Festlegung des Handlungsplans**: Meist betreffen die Vereinbarungen schon die nächsten Schritte. Möglicherweise muss das noch ausgeführt werden: Es wird vereinbart, dass beide Klienten zunächst das Ergebnis für sich reflektieren, dass sie vielleicht für 14 Tage das neue Verhalten ausprobieren, sich dann zusammensetzen, um das Erreichte zu reflektieren. Möglicherweise enthält der Handlungsplan auch „Hausaufgaben": die Gespräche jeweils vorbereiten, sie im Nachhinein reflektieren.
- **Vereinbarung des weiteren Vorgehens im Mediationsprozess**: Was brauchen die Klienten an weiterer Unterstützung? Wird ein weiteres Beratungsgespräch vereinbart? Wird ein Checktermin vereinbart? Können die Klienten zwischendurch die Beraterin anrufen?
- **Das Erreichte würdigen**: Ein ganz wichtiger Schritt in der Abschlussphase ist, deutlich zu machen, was die Gesprächspartner erreicht haben. Sie haben sich beide auf die Mediation eingelassen, haben Klarheit über die Sichtweise des anderen, haben möglicherweise bereits in einem Punkt eine Einigung erzielt. Das alles ist nicht selbstverständlich, sondern ist ein Erfolg, zu dem beide beigetragen haben. Diesen Erfolg gilt es zu würdigen: „Sie beide haben viel dazu getan" – eine solche Formulierung betont, dass die Gesprächspartner dabei sind, neue Kommunikationsformen zu entwickeln.

Es gibt Mediationen, die nicht zu einer Einigung zwischen den Konfliktparteien führen. Auch das kann Ergebnis sein und ist als solches zu würdigen. Es schafft Klarheit und entlastet damit von vergeblichen Versuchen einer gemeinsamen Konfliktlösung. Häufig schließt sich daran eine kurze Phase der Beratung mit jedem einzelnen Gesprächspartner: Was bedeutet es für ihn, wenn er weiß, dass sein Kollege kein Interesse an einer gütlichen Vereinbarung hat? Was bedeutet es für den anderen?

Mediation kann keine heile Welt schaffen. Sie kann aber Transparenz schaffen und den Raum für mögliche Lösungen abklären.

Kapitel 5: Gespräche mit Mitarbeitern

Als Seniorpartner einer größeren Kanzlei, aber auch als Anwalt mit drei Mitarbeitern sind Sie nicht nur Anwalt, sondern immer auch Führungskraft. Bezogen auf das Thema Gespräche: Sie werden mit ihren Mitarbeiterinnen und Mitarbeitern sprechen. Doch diesen Gesprächen schenkt man – im Vergleich zu all den „professionellen" Gesprächen, die Sie sonst führen, oft zu wenig Aufmerksamkeit. Gespräche mit Mitarbeitern sind jedoch nicht ein „irgendwie miteinander reden", sondern gleichermaßen professionell zu führen wie andere Gespräche. Sie können letztlich mit entscheidend sein für den Erfolg einer Kanzlei.

Doch bevor wir uns den Phasen der Mitarbeitergespräche zuwenden, lassen Sie uns kurz innehalten: Was sind die Ziele, die Sie in Mitarbeitergesprächen erreichen wollen? Sie ergeben sich aus den zwei zentralen Aufgaben der Führung:

- Führung hat zum einen die Funktion, die anstehenden Aufgaben zu steuern. Wer übernimmt welche Aufgabe, was sind die Kriterien zur Erreichung der Aufgaben, wie wird überprüft, wie die Aufgaben erledigt werden? Traditionell spricht man hier von „Aufgabenorientierung" als einer der klassischen Funktionen von Führung.
- Die zweite Funktion von Führung – häufig unter dem Begriff „Mitarbeiterorientierung" – besteht darin, Mitarbeiter bei der Wahrnehmung ihrer Aufgaben zu unterstützen indem man ihnen Hinweise erteilt, aber auch Lob und Anerkennung zeigt sowie Perspektiven für ihre eigene Weiterentwicklung aufzeigt.

Jedes Mal sind dafür unterschiedliche Gesprächsformen erforderlich: Aufgabenorientierte Gespräche betreffen insbesondere Zielvereinbarungen und die Zielverfolgung, Mitarbeiterorientierte Gespräche sind zum Beispiel Entwicklungsgespräche, Coaching, aber auch Feedbackgespräche. Zu den einzelnen Formen möchten wir Ihnen im Folgenden einige Hinweise geben.

I. Das Zielvereinbarungsgespräch

Die Steuerung von Aufgaben kann durch detaillierte Anweisungen erfolgen oder mehr oder weniger zufällig, indem jeder tut, was er für richtig hält. Beides ist nicht der richtige Weg: Auf der einen Seite verfängt man sich in detaillierten Anweisungen, auf der anderen Seite bleibt die Strategie einer Kanzlei auf der Strecke und es fehlt die Koordination. Die „goldene Mitte" ist die Zielvereinbarung. Zielvereinbarung bedeutet:

- Zwischen Vorgesetztem und Mitarbeiter werden Ziele vereinbart. D.h. es wird festgelegt, was genau Ergebnis sein soll: Was soll erreicht werden? Aber die Entscheidung über die Wege zur Erreichung des Ziels bleibt in der Kompetenz des Mitarbeiters.
- Zielvereinbarung heißt, dass Ziele nicht aufgezwungen, sondern gemeinsam vereinbart werden: Vorgesetzter und Mitarbeiter müssen zustimmen.

- Andererseits bedeutet Zielvereinbarung nicht Beliebigkeit bei der Ansetzung von Zielen: Zielvereinbarung geschieht grundsätzlich innerhalb eines gegebenen Zielkorridors, der durch Stellenbeschreibungen, aber insbesondere auch durch übergeordnete Ziele z.B. im Rahmen einer Strategie der Kanzlei festgelegt sein kann.

Zielvereinbarungen bieten für Vorgesetzte und Mitarbeiter eine Reihe von Vorteilen:

- Sie geben dem Vorgesetzten und dem Mitarbeiter Orientierung über das, was in der nächsten Zeit erreicht werden soll.
- Sie bieten die Möglichkeit, dass sowohl der Vorgesetzte als auch der Mitarbeiter ihre Sichtweise einbringen und miteinander abstimmen.
- Sie öffnen dem Mitarbeiter Freiraum bei der Festlegung von Maßnahmen und Schritten zur Erreichung der Ziele.
- Sie geben dem Vorgesetzten die Möglichkeit, die Erreichung von Zielen zu überprüfen bzw. für den Mitarbeiter, die Erreichung zu belegen und damit auch den Erfolg zu dokumentieren.

Für die Zielvereinbarung gibt es folgende Grundsätze:

1. Ziele lösungsneutral formulieren

Im Zielvereinbarungsgespräch werden nicht konkrete Maßnahmen vereinbart, sondern Ziele, d.h. zu erreichende Zustände. Entscheidend ist, dass diese Ziele „lösungsneutral" formuliert werden, d.h. offen gelassen wird auf welche Weise sie erreicht werden sollen. Die Erstellung von Leitsätzen kann auf unterschiedliche Weise geschehen: Es bildet sich eine Arbeitsgruppe, es wird erst eine Befragung durchgeführt, man beginnt mit einem Workshop usw.

2. Zielvereinbarungen sollten sich auf wenige überschaubare Ziele beschränken

Üblicherweise wählt man für Zielvereinbarungen zwei bis vier Ziele, die damit die besonderen Schwerpunkte der Arbeit definieren.

3. Zielvereinbarungen müssen operationalisiert, d.h. messbar sein

Das ist ein entscheidender Punkt der Zielvereinbarung: Wie kann ich überprüfen, ob das zu erreichende Ergebnis tatsächlich eingetreten ist? Die Zusammenarbeit mit den Eltern zu verbessern ist sicher ein lobenswertes Ziel, aber an welchen Indikatoren kann man feststellen, ob dieses Ergebnis tatsächlich eingetreten ist?

Grundsätzlich gibt es hierfür zwei unterschiedliche Ansätze:

- Man misst die Zielerreichung mit Hilfe von Fragebögen, Interviews usw. Wie beurteilen die einzelnen Stakeholder die Zusammenarbeit? Hat sich aus ihrer Sicht die Zusammenarbeit in dem letzten halben Jahr verbessert oder verschlechtert?
- Oder man legt sog. Indikatoren fest, d.h. definiert bestimmte beobachtbare Sachverhalte als Indikatoren, die auf die Erreichung des Ziels hindeuten. Bei einem Ziel „Verbesserung der Zusammenarbeit mit den Stakeholdern" könnten Indikatoren z.B. die Zahl von Beschwerden, Teilnehmerzahl an gemeinsamen Veranstaltungen, Interessenvertretern usw. sein.

Die Beispiele zeigen, dass sich Indikatoren zur Erreichung von Zielen nicht ein für alle Mal festlegen lassen, sondern dass stets in der besonderen Situation zu überlegen ist, welche Indikatoren geeignet sind. Bewährt hat sich dabei, die Zielvereinbarung bereits in der Vorbereitung schriftlich zu formulieren. Dafür gibt es folgende Grundsätze:

II. Durchführung des Zielvereinbarungsgesprächs

Auf der Basis dieser Vorbereitung findet zwischen Vorgesetztem und Mitarbeiter (oder, wenn es sich um Zielvereinbarung mit einem Team handelt, ggf. auch zwischen Vorgesetztem und Team) das Zielvereinbarungsgespräch statt. Hier empfehlen sich folgende Schritte:

1. Begrüßung und Orientierung

Es steht an, gemeinsame Ziele zu vereinbaren.

2. Vorschläge für die Zielvereinbarung aus Sicht des Mitarbeiters

Günstig ist es, hier mit der Sicht des Mitarbeiters zu beginnen: Er hat sich Gedanken darüber gemacht, wo er Schwerpunkte setzen möchte.

Aufgabe des Vorgesetzten ist dabei, zuzuhören und nachzufragen: Woran genau soll die Erreichung des Ziels gemessen werden? Was soll das Konzept enthalten, das erstellt werden soll?

3. Sichtweise des Vorgesetzten und ggf. Vorschläge aus seiner Sicht

- Bei welchen Zielen stimme ich zu?
- Wo sehe ich Probleme?

- Gibt es andere Ziele, die aus meiner Sicht als Vorgesetzter vorrangig zu behandeln wären?

4. Gemeinsame Vereinbarung

Zielvereinbarung bedeutet Konsens: Vorgesetzter und Mitarbeiter sollten zustimmen. Der Grund dafür ist recht einfach: Es ist Teil der Führungsaufgabe des Vorgesetzten, bei der Festlegung einzelner Ziele das Gesamtziel des Unternehmens oder der Kanzlei im Auge zu behalten. Von daher muss er der Zielvereinbarung zustimmen. Andererseits aber weiß man, dass ein Mitarbeiter, dem Ziele aufgezwungen werden, denen er nicht zustimmt, die Erreichung dieser Ziele in der Regel nicht fördern wird.

Von daher sollte man in dieser Phase sehr sorgfältig vorgehen:

- Kann sich der Mitarbeiter auf diese Ziele einlassen?
- Sieht er bei bestimmten Zielen noch Probleme?
- Möchte er etwas ergänzen?

Das Ergebnis wird dann auf dem Zielvereinbarungsbogen eingetragen.

5. Diskussion möglicher Wege zur Erreichung des Ziels

Die Festlegung der einzelnen Schritte zur Erreichung des Ziels ist nicht Gegenstand des Zielvereinbarungsgesprächs, sondern Aufgabe des Mitarbeiters. Wohl aber ist es in der Regel hilfreich, bereits während des Zielvereinbarungsgesprächs die Frage, wie sich dieses Ziel erreichen lässt, anzureißen: Der Mitarbeiter kann seine Ideen und Überlegungen zur Diskussion stellen, der Vorgesetzte vor dem Hintergrund seines Wissens und seiner Erfahrung auf mögliche Probleme bei den einzelnen Schritten hinweisen oder eigene Vorschläge einbringen.

Damit hat diese Phase den Charakter eines Brainstormings: Günstig ist es, mögliche Ideen zu notieren - der Mitarbeiter hat dann die Möglichkeit, sie als Anregung für die weitere Arbeit zu nutzen.

6. Vereinbarung möglichen Unterstützungsbedarfs

Es gibt Ziele, zu deren Erreichung zusätzliche Unterstützung (z.B. finanzielle Ressourcen, möglicherweise besondere organisatorische Voraussetzungen, zusätzliche Qualifizierungen, vielleicht auch Unterstützung bei wichtigen Gesprächen) benötigt wird. Sinnvoll ist es, dies hier schon anzusprechen und ggf. zu vereinbaren:

Welche Unterstützung erhält der Mitarbeiter bei der Zielverfolgung?

7. Festlegung der nächsten Schritte

Hier geht es um die zeitliche Strukturierung für das weitere Vorgehen:

- Wann soll das Gesamtziel bzw. sollen mögliche Zwischenziele erreicht sein?
- Was sind Meilensteine für die Bearbeitung, bei denen es sinnvoll wäre, sich wieder zusammenzusetzen? Daraus ergeben sich dann die Termine für die nächsten sog. Zielverfolgungsgespräche, bei denen der Stand der Zielerreichung diskutiert wird.

III. Auswertungsphase

In vielen Fällen kann es sinnvoll sein, anschließend das Zielvereinbarungsgespräch im Blick auf den Prozess auszuwerten:

- War der Gesprächsverlauf für Vorgesetzten und Mitarbeiter zufriedenstellend?
- Wo sind im Gesprächsverlauf Probleme aufgetreten (hat sich z.B. der Mitarbeiter überfahren gefühlt)?
- Wieweit sind Vorgesetzter und Mitarbeiter mit dem Ergebnis zufrieden?
- Ergeben sich daraus Konsequenzen für das nächste Gespräch?

Eine solche Reflexionsphase kann sich durchaus unmittelbar an das Zielvereinbarungsgespräch als zusätzliche Abschlussphase anschließen. Ziel ist es dabei, Hinweise zu erhalten, um solche Gespräche in Zukunft weiter zu verbessern.

Kapitel 6: Moderation

Wohl jeder kennt sie und leidet an ihnen: Besprechungen, die sich endlos hinziehen, bei denen sich einzelne Beteiligte in Tiraden ergehen, in denen Argumente immer wiederholt werden – und bei denen am Schluss alles offen bleibt. Dafür ist im Grunde die Zeit eines jeden Beteiligten zu schade – es sei denn, Sie haben einen ausgesprochenen Hang zum Masochismus.

Was in solchen Besprechungen fehlt, ist eine klare Steuerung, eine klare Moderation. Moderieren können ist etwas, das heutzutage im Grunde jede Führungskraft insbesondere jeder Jurist, jede Juristin können muss: Sei es, dass Sie als Vorgesetzter das eigene Team moderieren, sei es dass Sie eine Arbeitsgruppe zur Vorbereitung auf einen Vertragsentwurf oder zur Vorbereitung auf einen schwierigen Gerichtsprozess moderieren.

Normalerweise sind wir gewohnt – und das gilt auch für viele Leiter von Besprechungen – die Aufmerksamkeit auf den Inhalt zu richten: Worum geht es? Sind die Argumente stichhaltig? Doch gerade diese Einstellung kann uns daran hindern, die Besprechung erfolgreich zu moderieren. Aufgabe des Moderators ist es nicht, den Inhalt zu bewerten oder die eigenen Argumente vorzubringen. Aufgabe des Moderators ist es, die Besprechung so zu steuern, dass ein gutes Ergebnis erzielt wird. Und das bedeutet, die Aufmerksamkeit in zwei unterschiedliche Richtungen zu lenken:

- **Steuerung des Prozesses, d.h. des Ablaufs des Gesprächs**: In welchen Schritten gehen wir bei der Moderation vor? Wie können wir absichern, dass sich die Argumentation nicht im Kreis dreht? Wie können wir absichern, dass das Gespräch tatsächlich zu einem Ergebnis gelangt?
- **Steuerung der Gruppe, des „sozialen Systems“**: Die Steuerung des Prozesses wäre ja noch verhältnismäßig einfach, wenn wir es nicht mit Menschen zu tun hätten. Und Menschen verhalten sich bekanntermaßen nicht zwingend rational: Da gibt es zum Beispiel eine Mitarbeiterin, die glaubt alles besser zu wissen und deren Redefluss kaum zu bremsen ist, oder etwa einen Mitarbeiter, dessen Argumente nicht gehört werden und der deshalb gekränkt ist. All das sind Prozesse, die sich nicht aus der Sache, sondern aus der Gruppe, den Menschen, ergeben. Eine Gruppe ist, wie wir im Anschluss an die Systemtheorie sagen können, ein komplexes soziales System, in dem verschiedene Personen und ihre Einstellungen aufeinander einwirken, die aber auch eine Eigendynamik entwickelt – Sie kennen das vermutlich am Deutlichsten aus Besprechungen, die „aus dem Ruder laufen“.

Dieser Blick in eine zweifache Richtung, auf den Prozess und das soziale System macht die Aufgabe des Moderators schwierig. Was wir im Folgenden tun möchten, ist, Sie für beide Richtungen sensibel zu machen. Dazu geben wir Ihnen einige Checklisten an die Hand, die Ihnen helfen können, sich auf eine anstehende Moderation vorzubereiten – die Sie aber ebenso nutzen können, um eine Moderation (gleichgültig, ob Sie Moderator waren oder jemand anderes) anschließend zu reflektieren: Was ist hier gut gelaufen? Was hat dazu beigetragen? Was sollte/müsste man nächstes Mal anders machen?

I. Moderation: Die Steuerung des Prozesses

Im Grunde ist die Struktur einer Moderation recht einfach: Es geht letztlich darum, in einer Gruppe gemeinsam ein Problem zu lösen. Damit ist auch für den Moderationsprozess letztlich der Problemlösungsprozess die Grundlage: Es geht darum,

- das Ziel festzulegen: Was soll Ergebnis sein?
- die Situation zu klären,
- Lösungen zu sammeln und zu bewerten,
- eine Entscheidung zu treffen.

Sie erinnern sich: die gleiche Gliederung haben wir in Kap. 1 als Grundstruktur des Gesprächs allgemein und in Kap. 2 als Struktur des Beratungsgesprächs dargestellt. Sie begegnet uns hier wieder. Das heißt, Sie können die Phasen hier wiederverwenden, müssen sie nur eben entsprechend abändern.

1. Die Vorbereitung

Wie jedes andere Gespräch benötigt die Moderation eine Vorbereitung: sich auf den Inhalt vorbereiten, aber ebenso auf die Teilnehmer und den Ablauf.

a) Die inhaltliche Vorbereitung

Sie tun gut daran, sich als Moderator zuvor mit dem Inhalt auseinander gesetzt zu haben. Sie müssen möglicherweise nicht alle Details kennen – aber Sie müssen den Inhalt so weit verstehen, dass Sie den Argumenten folgen und den Ablauf steuern können. Wir beschränken uns auf eine Checkliste:

- Was ist das Thema dieser Besprechung? Gibt es ein Thema oder mehrere Themen?
- Gibt es bereits Unterlagen zu diesen Themen?
- Was sollte Ziel des Gesprächs sein? Was soll am Schluss Ergebnis sein? Aber auch: was sollte vermieden werden?
- Was sind mögliche Argumente, die zu den Themen vorgebracht werden können? Es kann hilfreich sein, sich im Vorfeld schon Gedanken darüber zu machen. Was sind die kritischen Punkte in einem Vertragsentwurf? Welche juristischen Aspekte kommen hier zum Tragen?
- Was sind mögliche Argumente für die einzelnen Phasen?
- Was wären verschiedene mögliche Lösungen? Wie könnte man mit möglicherweise auftretenden Problemen umgehen?

b) Die Vorbereitung auf die Teilnehmer

Bereits im Einzelgespräch war es hilfreich, sich darauf vorzubereiten, wer einem gegenübersitzt. Nun haben Sie es aber in einer Besprechung nicht nur mit einem, sondern mit mehreren Teilnehmern zu tun. Und jeder Teilnehmer ist eine individuelle Persönlichkeit. Seien Sie darauf – so weit als möglich – vorbereitet!

Sie können dafür wieder die bereits in Kap. 1 dargestellte Stakeholder-Analyse verwenden. Aber überlegen Sie, was ist im Blick auf diese Besprechung besonders wichtig. Wir führen es wieder für Sie als Checkliste auf:

- **Wer sind die Stakeholder für dieses Gespräch?** Wer nimmt an dem Gespräch teil? Wer sollte an dem Gespräch teilnehmen? Wer ist möglicherweise unnötig oder hinderlich? Gibt es möglicherweise noch andere Personen, die zwar nicht an dem Gespräch teilnehmen, aber den Gesprächsverlauf beeinflussen (z.B. kann es sein, dass ein Teilnehmer erst die Zustimmung seines Vorgesetzten einholen möchte, bevor er eine Entscheidung akzeptiert. Sie müssen das wissen und berücksichtigen)
- **Was sind die Ziele des jeweiligen Stakeholders in Bezug auf die Besprechung?** Was möchte er erreichen oder vermeiden? Was kann er gewinnen oder wird er möglicherweise verlieren? Gibt es Punkte, die ihn zur Zustimmung veranlassen könnten?
- **Was sind typische Verhaltensweisen des jeweiligen Stakeholders?** Ist es jemand, der zunächst sehr aggressiv seine Meinung vertritt, dann aber einlenkt? Blockt er ab, wenn er angegriffen wird? Oder ist damit zu rechnen, dass er zustimmt, aber anschließend seine Meinung ändert?
- **Welche möglichen Handlungskonsequenzen ergeben sich daraus für Sie?** Diese Frage der Stakeholder-Analyse ist häufig die entscheidende, denn sie ermöglicht Ihnen, sich im Vorfeld mögliche Vorgehensweisen zu überlegen: Was könnte jemand gewinnen, der zunächst skeptisch ist? Wie können Sie mit jemandem umgehen, der endlos redet?

Die Stakeholder-Analyse ermöglicht es Ihnen, schon im Vorfeld mögliche Probleme zu identifizieren und ihr Vorgehen zu planen. Allerdings wird es manchmal schwierig sein, diese Informationen schon im Vorfeld zu bekommen. Wenn Sie die Teilnehmer an der Besprechung bereits aus anderen Situationen kennen, hilft es Ihnen, Ihr Wissen aufzuschreiben – es wird dann klarer, wo mögliche Risikofaktoren sind. Möglicherweise können Sie andere Personen zu den Teilnehmern befragen. Manchmal kann es auch hilfreich sein, in einer ersten Kennlernrunde die Teilnehmer zu fragen, was ihnen bei diesem Thema besonders wichtig ist.

c) Methodik und Ablauf der Besprechung

Die Standardform der Besprechung ist die, dass ein Teilnehmer ein Thema präsentiert, dann alle diskutieren und man versucht, ein Ergebnis zu erzielen. Natürlich kann man es so machen, und in vielen Situationen ist das auch sinnvoll. Andererseits gibt es zahlreiche andere Formen und Methoden, die Sie hier nutzen können. Wir führen einige auf:

- **Rundgespräche**: Jeder Teilnehmer stellt seine Sichtweise zu einem Thema dar. Das bietet den Vorteil, dass jeder einbezogen ist und man schnell einen Überblick über die verschiedenen Auffassungen erhält.
- **Kartenabfrage**: Das ist die klassische Moderationsmethode. Jeder Teilnehmer schreibt seine Punkte auf Metaplankarten (jeweils nur einen Punkt auf eine Karte, Schriftgröße so, dass es auch von weiterer Entfernung gelesen werden kann); die Karten werden dann anschließend auf Metaplankarten „gepinnt“, möglicherweise nach Themen sortiert und ggf. bewertet. Das Vorgehen hat den Vorteil, dass schnell die wichtigen Argumente gesammelt werden und zugleich visualisiert werden. Andererseits ist das Verfahren relativ aufwendig – und es gibt nicht wenige Gruppen, die fortwährende Kartenabfragen satt haben, weil jedes Thema auf diese Weise bearbeitet wird. Also überlegen Sie selbst, wo eine Kartenabfrage angemessen ist, wo nicht.
- **Brainwriting**: Wichtige Punkte werden genannt und sofort vom Moderator auf eine Flipchart geschrieben. Das hat den Vorteil, dass die jeweils vorgebrachten Argumente, Problempunkte oder Lösungsideen sofort visualisiert und damit bewahrt werden. Endlose Wiederholungen werden vermieden, und Sie können als Moderator sofort darauf hinweisen, dass ein Argument schon vorhanden ist. Brainwriting ist sozusagen die einfachere und manchmal auch schnellere Variante der Kartenabfrage.
- **Punkten der Ergebnisse**: Das ist ein relativ einfaches Verfahren, um eine Übersicht über die Einschätzung der Teilnehmer zu erhalten. Sie können z.B. im Anschluss an eine Kartenabfrage oder ein Brainwriting die für einzelne Teilnehmer wichtigsten Punkte durch einen Klebepunkt markieren. Bewährt hat sich, bei kleinen Gruppen die Hälfte möglicher Auswahlpunkte festzulegen (z.B. um die wichtigsten Ideen von einer Auswahl aus 12 Punkten zu erhalten, bekommt jeder Teilnehmer 6 Klebepunkte, wobei Häufeln gestattet ist), bei größeren Gruppen empfiehlt sich jedoch eine Begrenzung auf 5 bis 6 Punkte. Sie vermeiden damit langatmige Diskussionen über die Vor- und Nachteile einzelner Punkte.
- **Abarbeitung in kleineren Gruppen**: Zumindest bei der Moderation von Workshops muss nicht alles in der Gesamtgruppe diskutiert werden, sondern man teilt die Gruppe in Kleingruppen (2 bis 3 Teilnehmer auf), die jeweils ein Thema bearbeiten, das Ergebnis visualisieren und dann in der Gesamtgruppe vorstellen. Das bietet den Vorteil, dass die einzelnen Themen schon „vorgedacht“ sind, die Diskussion in der Gesamtgruppe verläuft dann schneller.
- **Worldcafé**: Das ist eine Methode, die schnell die Einbeziehung vieler Teilnehmer in die Diskussion ermöglicht, aber eine uferlose Plenumsdiskussion verhindert: Eine Kleingruppe (ca. 4 bis 6 Personen) bearbeitet ein Thema und visualisiert die Ergebnisse. Nach ca. 15 bis 20 Minuten verändern sich die Gruppen: Einer der Teilnehmer (der sog. „Gastgeber“) bleibt in der Gruppe, alle anderen ordnen sich neuen Gruppen zu. Der Gastgeber informiert die neu dazu

gekommenen Teilnehmer über das Ergebnis der bisherigen Diskussion, anschließend arbeitet die neue Kleingruppe auf dieser Basis weiter.

In der Literatur zu Moderation gibt es noch eine Reihe weiterer Verfahren, die Sie hier einsetzen können. Überlegen Sie sich, welche Methode für das Thema, für die Gruppe – und auch für Sie als Moderator passt. Bereiten Sie auf dieser Basis den Ablauf vor. Hilfreich ist es auch, Alternativen parat zu haben: Wenn sich herausstellt, dass die Teilnehmer die Kartenabfrage ablehnen, können Sie dann ggf. schnell auf ein Brainwriting wechseln. Sie können dann während der Besprechung auch die Teilnehmer fragen, wie sie das Thema bearbeiten möchten – aber Sie sind als Moderator flexibel!

d) Agenda und Einladung

Teilnehmer erwarten, dass sie informiert werden über das, was in der Besprechung auf sie zukommt. Sie erwarten eine Einladung, sie erwarten eine Agenda mit den Punkten, die anstehen.

Manchmal kann es hilfreich sein (auch wenn Sie in der Rolle des Moderators sind), einzelne Teilnehmer (oder möglicherweise alle) zuvor schon anzusprechen. Das ist ein Aspekt, der wieder mehr auf der „menschlichen Ebene“ Bedeutung besitzt als auf der inhaltlichen. Die persönliche Einladung sendet die Botschaft „du bist mir wichtig“. Die Vorabklärung einzelner Punkte mit einzelnen (wichtigen und/oder unterstützenden) Teilnehmern kann bereits im Vorfeld mögliche Konflikte und Debatten entschärfen oder kann dazu dienen, dass es Verbündete gibt – das kann auch für den Moderator wichtig sein. Nehmen Sie also auch diesen Punkt auf Ihre Checkliste auf:

- Legen Sie die Agenda fest: Gibt es feststehende Tagesordnungspunkte? Haben sich aus der Liste offener Punkte der letzten Besprechung Themen ergeben? Gibt es zusätzliche Themen, die wichtig sein können?
- Formulieren Sie die Einladung: Formulieren Sie sie ggf. möglichst persönlich – das hebt sie von Standardeinladungen ab und gibt das Gefühl, besonders wichtig zu sein.
- Bereiten Sie die erforderlichen Unterlagen vor: Welche Unterlagen müssen an die Teilnehmer verteilt werden? Sind noch Unterlagen zu erstellen? Achten Sie dabei darauf, dass die Unterlagen nicht zu umfangreich sind – kaum jemand liest 20 Seiten als Vorbereitung auf eine Besprechung.
- Sprechen Sie ggf. zuvor einzelne Teilnehmer auf wichtige Themen, aber auch auf mögliche inhaltliche Probleme an. Geben Sie ihnen das Gefühl, wichtig zu sein!

e) Die Vorbereitung des Umfelds

Sie können hier im Wesentlichen die Checkliste aus Kap. 1 übernehmen:

- Wählen Sie einen Raum (Besprechungszimmer), der geeignet groß ist und in dem Sie möglichst ungestört sind
- Überlegen Sie welche Geräte sie benötigen: Brauche ich einen Beamer? Häufig ist auch Flipchart oder Whiteboard hilfreich (hier lässt sich schnell etwas visualisieren). Steht Moderationsmaterial (Stifte, Metaplankarten, ggf. Klebepunkte usw.) zur Verfügung?
- Sorgen Sie ggf. für Mineralwasser oder Kaffee.
- Checken Sie den Raum vorher ab: Ist alles vorhanden? Ist die Anordnung der Plätze usw. passend?

Der letzte Punkt wird leicht übersehen: Man kommt in einen Raum, aber die Flip-chart fehlt, es sind keine Moderationsstifte vorhanden, oder der Raum ist langgestreckt und schmal, dass die hinteren überhaupt nicht die Beamer-Präsentation erkennen können. So etwas passiert häufiger, als man denkt. Von daher: Nehmen Sie sich die Zeit, den Raum vorher zu begutachten. Überlegen Sie sich auch, wo Sie Ihren Platz wählen. Sie brauchen einen Platz, von dem aus Sie die Teilnehmer möglichst gut im Blick haben, häufig in der Nähe des Beamers.

f) Die eigene „innere Vorbereitung“

Wie für jedes wichtige Gespräch: Sie brauchen auch hier noch ihre eigene innere Vorbereitung – am besten einige Minuten unmittelbar vor Beginn der Besprechung. Dann geht es nicht mehr darum, sich mit dem Inhalt zu beschäftigen (das sollte gelaufen sein), sondern darum, sich die Struktur des Ablaufs, aber auch die eigene Rolle bewusst zu machen. Und es geht auch darum, sich selbst das Gefühl bewusst zu machen „ich schaffe es“ – häufig sind es weniger die inhaltlichen Punkte, sondern sind es die eigene Einstellung und das eigene Selbstvertrauen, die über den Erfolg der Moderation entscheiden. Wieder als Checkliste formuliert:

Nehmen Sie sich unmittelbar vor der Besprechung einige Minuten „Auszeit“, um sich darauf einzustellen. Oft genügen wenige Minuten:

- Machen Sie sich nochmals den Ablauf klar: Wie werden Sie vorgehen? Wie strukturieren Sie die Besprechung?
- Machen Sie sich Ihre Rolle als Moderator klar: Ihre Aufgabe als Moderator ist es nicht, etwas durchzusetzen. Sondern Ihre Aufgabe ist es, den Prozess und die Gruppe zu steuern!

- Ggf. erinnern Sie sich an eine andere erfolgreiche Moderation: Erinnern Sie sich an das Gefühl der Sicherheit, das Sie damals verspürten. Nehmen Sie dieses Gefühl mit in die Besprechung!

Erfahrene Moderatoren machen diesen Schritt in der Regel intuitiv. Er muss, wenn Sie über Sicherheit verfügen, auch nicht immer so ausführlich sein. Aber nehmen Sie die Checkliste ruhig nochmals zur Erinnerung vor: Auch für erfahrene Moderatoren kann es hilfreich sein, sich gelegentlich die einzelnen Schritte nochmals zu vergegenwärtigen. Sie vermeiden damit den „Ermüdungseffekt" – dergestalt, dass aufgrund Ihrer Routine zwar alles läuft, aber sich mit der Zeit Ungenauigkeiten einschleifen. Und wenn Sie noch nicht so viel Erfahrung mit Moderation haben, dann ist die sorgfältige Vorbereitung ein entscheidender Erfolgsfaktor.

2. Die Orientierungsphase in der Besprechung

Wie so oft bei Gesprächen ist auch hier der Beginn entscheidend: „Sage mir, wie die Besprechung angefangen hat, und ich sage dir, wie sie aufhören wird". Und auch hier (wie bei anderen Gesprächen) gilt es wieder, die Aufmerksamkeit als Moderator in zwei Richtungen zu lenken: auf den Prozess und auf die Gruppe. Sie als Moderator haben beides zu steuern.

a) Die Steuerung der Gruppe in der Orientierungsphase

Vermutlich kennen Sie das aus eigener Erfahrung: Man kommt als Teilnehmer zu einer Besprechung, wo man die übrigen nicht oder nur wenig kennt. Man ist unsicher, wie es hier ablaufen wird. Was hier fehlt, ist, wie man systemtheoretisch formulieren könnte, ein arbeitsfähiges soziales System, eine Gruppe, die in der Lage ist, erfolgreich zu arbeiten. Als Moderator können Sie sich selbst in die Rolle des Teilnehmers versetzen: Was würde Sie brauchen, um in dieser Gruppe kreativ und effizient arbeiten zu können? Sie würden vermutlich wissen wollen, wer der Moderator ist und wer die anderen sind und natürlich, worum es geht. Aber wir beschränken uns hier zunächst auf den Aspekt der Gruppe. Hierfür folgende Checkliste:

- **Begrüßen Sie die Teilnehmer beim Hereinkommen persönlich**: Die persönliche Begrüßung ist ein Zeichen der Wertschätzung. Sprechen Sie sie (wenn passend) mit Namen an.
- **Nehmen Sie sich einige Sekunden Zeit, Ihre Sitzposition und Ihre Körperhaltung auszutarieren**: In dieser Zeit können Sie intuitiv die Teilnehmer wahrnehmen. Wie sitzen die Teilnehmer, worauf deutet ihre jeweilige Körperhaltung hin? Wählen Sie eine „neutrale" Körperhaltung, bei der Sie niemanden direkt konfrontieren, achten Sie aber vor allem auf Ihr Gefühl: Fühle ich mich in dieser Position wohl?
- **Bevor Sie sich auf den Inhalt konzentrieren, nehmen Sie zu allen Blickkontakt auf**: Das ist die in dieser Situation passende Form, Kontakt

herzustellen. Achten Sie dabei darauf, dass Sie nicht möglicherweise eine Hälfte der Teilnehmer außer Acht lassen. Es kann Ihnen dabei passieren, dass diese sich (unbewusst) zurückgesetzt fühlen und dann im weiteren Verlauf als „schwierige“ Teilnehmer herausstellen.

- **Begrüßen Sie die Teilnehmer allgemein**: Drücken Sie dabei Ihre Freude oder Ihren Dank aus, dass alle (trotz des Termindrucks, der überall herrscht) gekommen sind – aber achten Sie darauf, dass das nicht zu einer Floskel wird, es muss „echt“ sein, Sie müssen dazu stehen.
- **Wenn Sie den Teilnehmern nicht bekannt sind, stellen Sie sich als Moderator vor**: Überlegen Sie, was Sie von sich sagen. Lediglich Funktion und Name ist hinreichend nichtssagend. Sagen Sie eher etwas Persönliches (wie Sie zu diesem Thema gekommen sind) – aber es darf andererseits auch nicht zu persönlich sein.
- **Wenn sich die Teilnehmer noch nicht (oder nur teilweise) kennen, ist eine Vorstellrunde hilfreich. Aber auch hier gilt**: Lediglich Namen und Funktion zu sagen, ist hinreichend nichtssagend. Ein langer Lebenslauf wird die Teilnehmer langweilen, die sich untereinander schon kennen. Überlegen Sie sich, was Thema dieser ersten Runde (neben Namen und Funktion) sein kann, etwa was Hauptschwerpunkt der Arbeit der letzten Woche war, ein herausragendes Ereignis der letzten Zeit, ggf. ein Erfolgserlebnis.
- **Machen Sie (wenn erforderlich) Ihre Rolle als Moderator klar und vereinbaren Sie ggf. Besprechungsregeln**: Machen Sie deutlich, dass es Ihre Aufgabe ist, den Prozess zu steuern, und dass Sie dazu ggf. auch Diskussionen unterbrechen werden. Je klarer Sie Ihre Rolle verdeutlichen, desto erfolgreicher verläuft dann die Diskussion. Holen Sie hierfür die Zustimmung der Teilnehmer ein: „Ist es in Ordnung, dass ich die Rolle des Moderators übernehme? Ist die Regel, einander ausreden zu lassen, oder erst Argumente zu sammeln, und sie dann zu bewerten, akzeptiert?“ Es kann außerdem wichtig sein in Erfahrung zu bringen, ob es eine Vertreterregelung gibt, wenn jemand nicht teilnehmen kann.

Ein leidiges Thema bei Besprechungen ist häufig das Thema Pünktlichkeit. In zahlreichen Besprechungen gilt die Regel, dass man wartet, bis alle da sind. Diese Regel ist aber ausgesprochen unsinnig: Sie verstärkt diejenigen, die zu spät kommen, und bestraft letztlich die Pünktlichen. Ebenso unvernünftig sind aber auch lange Diskussionen zum Thema Pünktlichkeit. Besser ist, Sie führen hier klare Regel ein, z.B.: Die Besprechung beginnt, wenn die Hälfte der Teilnehmer anwesend ist. Wer zu spät kommt, „ist selbst schuld“ – das Ergebnis wird nicht wiederholt. Oder man kann auch „Sanktionen“ (5 Euro in die Gruppenkasse) vereinbaren – Hauptsache ist, man hat eine klare Regelung.

b) Orientierung in Bezug auf Thema und Ziel

Selbst wenn die Themen ausführlich in der Einladung dargestellt wurden: Sie müssen damit rechnen, dass einige die Einladung nicht gelesen haben und daher nicht wissen, worum es geht – oder einfach auch nur Zeit brauchen, um sich auf das Thema einzustellen. Da macht es wenig Sinn, das Schicksal zu beklagen („eigentlich hätten doch alle die Einladung lesen müssen"), sondern Ihre Aufgabe als Moderator ist, den Teilnehmern in Bezug auf den Inhalt Orientierung zu geben. Das heißt im Einzelnen:

- Führen Sie kurz in die Thematik der Besprechung ein: Das gibt den Teilnehmern Gelegenheit, sich auf die Besprechung einzustellen.
- Nennen Sie die Themen, die aufgrund der Agenda feststehen oder die Sie ggf. zusätzlich vorschlagen.
- Fragen Sie, ob noch weitere Themen anstehen.
- Bei zahlreichen Themen kann es ggf. hilfreich sein, die Themen zu punkten: Welche sind besonders wichtig? Welche Themen müssen heute bearbeitet werden?
- Legen Sie das Ziel fest: Was soll Ergebnis der Besprechung sein?
- Legen Sie das Vorgehen fest: In welcher Reihenfolge sollten die Themen bearbeitet werden? Sollte ggf. der Zeitraum für einzelne Themen begrenzt werden?
- Wichtig aber vor allem: Holen Sie sich die Zustimmung zu dem Vorgehen ein! Achten Sie darauf, dass sich niemand überfahren fühlt. Auch hier gilt wieder: Je sorgfältiger Sie die Vereinbarung über Themen und Ablauf absichern, desto weniger müssen Sie im weiteren Verlauf mit unliebsamen Überraschungen rechnen.

Wenn Sie in der Besprechung mehrere Themen bearbeiten, benötigt jedes einzelne Thema eine eigene Orientierungsphase, in der in das Thema eingeführt, aber auch das Ziel bestimmt wird. Das können Sie als Moderator machen, günstiger ist es aber häufig, dafür einen Verantwortlichen zu haben, der in die Thematik einführt und dann auch als „Experte" für das Thema dient.

3. Die Klärungsphase

In einer Besprechung mit mehreren Tagesordnungspunkten benötigt jeder einzelne Punkt eine eigene Klärungsphase (ebenso wie jeder Tagesordnungspunkt eine eigene Orientierungsphase, eine eigene Lösungs- und Abschlussphase benötigt). Ziel ist jeweils, die Situation zu klären. Sie können diese Phase durch unterschiedliche Fragen (die richtigen Fragen zu stellen, ist wieder Aufgabe des Moderators) steuern:

- Was ist der Status (des Projektes, der bisherigen Arbeit)?
- Was ist erreicht, was nicht?
- Wo genau liegen die Probleme?
- Was spricht dafür, was spricht dagegen?

- Was sind mögliche Pro- und Contra-Argumente?
- Welche Faktoren haben zu dem Problem geführt?
- Was wurde bisher versucht, um das Problem zu lösen?

Für die Durchführung haben Sie verschiedene Möglichkeiten:

- Ein Teilnehmer führt in die Thematik ein und berichtet aus seiner Sicht den Ist-Stand. Aufgabe der anderen Teilnehmer ist es dann, dazu Ergänzungen, aber auch Einwände, Bedenken und weitere Hinweise vorzubringen
- Eine Kleingruppe bearbeitet das Thema, die Ergebnisse werden präsentiert.
- Es wird eine Kartenabfrage oder Brainwriting durchgeführt
- Das Thema wird mit Hilfe von Mindmap oder als Ursache-Wirkungs-Diagramm (Ishikawa-Diagramm) visualisiert: Was sind die wesentlichen Aspekte, die hier zu berücksichtigen sind (Mindmap) bzw. welche Faktoren haben zu dem Problem geführt (Ishikawa-Diagramm) ?

Als Moderator haben Sie hier die Möglichkeit, nachzufragen, wenn Aspekte angedeutet aber nicht geklärt werden. Nutzen Sie dafür die Anregungen aus Kapitel 1: Im Grunde geht es auch hier darum, verdeckte Erfahrungen aufzudecken.

Die Gefahr in der Klärungsphase besteht darin, dass hier unterschiedliche Sichtweisen aufeinanderprallen und „ausdiskutiert“ werden – was in der Regel ebenso langatmig wie ergebnislos ist. Als Moderator ist es Ihre Aufgabe, hier Regeln einzuführen (und durchzusetzen), die eine effiziente Abarbeitung ermöglichen. Möglichkeiten dafür sind:

- Anregungen, Hinweise usw. werden gesammelt, aber nicht diskutiert. Der jeweils Verantwortliche hat die Aufgabe, diese Hinweise zu notieren (achten Sie als Moderator darauf, dass das tatsächlich geschieht) und sie bei der weiteren Bearbeitung zu bedenken. Damit wird der Gruppenvorteil genutzt (eine Gruppe erfasst ein weiteres Spektrum möglicher Argumente als ein Einzelner), aber ein Ausufern der Diskussion wird vermieden.
- Hinweise, wie eine schnelle Einigung erzielt werden kann, können sofort berücksichtig werden.
- Man kann verschiedene Argumente auch „punkten“: Zum Beispiel können Sie grüne Punkte dorthin kleben, wo Sie zustimmen, rote Punkte dorthin, wo Sie etwas kritisch sehen. Damit lässt sich ein komplexes Problem relativ schnell strukturieren. Häufig stellen sich dann nur wenige Punkte heraus, die weiterer Bearbeitung bedürfen.

Ergebnis der Klärungsphase ist in der Regel ein „Soll-Ist-Vergleich“: Entspricht das Ergebnis dem Ziel oder ist hier weitere Bearbeitung möglich? Wenn Das Ergebnis dem Ziel entspricht, endet hier die Bearbeitung dieses Tagesordnungspunktes (und das

Ergebnis ist im Protokoll zu vermerken). Wenn das nicht der Fall ist, sind neue Lösungen zu entwickeln – es schließt sich die Lösungsphase an.

4. Moderation in der Lösungsphase

Der Ablauf der Lösungsphase entspricht dem Vorgehen, das wir bereits in Kap. 1 dargestellt haben. Es sind Lösungen zu sammeln und anschließend zu bewerten. Ihre Aufgabe als Moderator ist es, hier die Einhaltung der „Brainstorming-Regeln“ durchzusetzen. Das ist manchmal nicht leicht und erfordert ein bestimmtes Auftreten. Hilfreich ist in vielen Fällen, das Vorgehen durch einen eindeutigen Kontrakt abzusichern: „Ich schlage vor, dass wir in einer ersten Runde Ideen sammeln. Dafür gelten die klassischen Brainstorming-Regeln: Alle Ideen sind erlaubt, aber dürfen hier nicht bewertet oder diskutiert werden. Die Bewertung erfolgt dann in einer zweiten Phase. Ist das für Sie in Ordnung?“ In der Regel werden Sie dafür Zustimmung erhalten. Wer dem Vorgehen ausdrücklich zugestimmt hat, wird sich im weiteren Verlauf eher daran halten (bzw. Sie als Moderator können ihn leichter an die getroffene Vereinbarung erinnern). Damit ergibt sich für die Lösungsphase folgende Checkliste:

- **In einer ersten Phase Lösungsmöglichkeiten sammeln**: Alle Ideen (auch „verrückte Ideen“) sind erlaubt
- **Lösungsmöglichkeiten visualisieren** – nur so bleiben sie gegenwärtig
- **Anschließend in einer zweiten Runde Lösungsmöglichkeiten bewerten**: Auch hier gilt wieder, dafür ein möglichst einfaches und transparentes Verfahren zu wählen. Man kann zu einzelnen Ideen Pro-Contra-Argumente sammeln (und visualisieren), man kann die Ideen mit grünen Punkten (ist aussichtsreich) oder roten Punkten (ist risikoreich) bewerten.

In der Regel reduziert sich die Sammlung von Ideen dann auf wenige Möglichkeiten, die anschließend weiter bearbeitet oder verabschiedet werden können.

5. Die Abschlussphase

Jeder einzelne Punkt der Tagesordnung muss zu einem Ergebnis führen, das heißt, er erfordert eine eigene Abschlussphase. In der Regel ist die Basis dafür ein (erneuter) Soll-Ist-Vergleich: Haben wir das Ziel erreicht oder nicht? Grundsätzlich sind hier zwei Alternativen denkbar:

- Das Ziel ist erreicht. Damit kann der Tagesordnungspunkt verabschiedet werden, das Ergebnis wird im Protokoll vermerkt.
- Das Ziel ist nicht erreicht. Dann stellt sich die Frage, wie hier weiter vorgegangen werden kann. Hierzu ist eine Vereinbarung zu treffen.

Das inhaltliche Ergebnis der Abschlussphase ist dann eine To-do-Liste: Was muss getan werden? Wer übernimmt es und – wenn mehrere beteiligt sind – wer übernimmt dafür die Verantwortung? Bis wann muss das Ergebnis vorliegen? Gibt es dazu noch zusätzliche Bemerkungen?

Nach dem letzten Tagesordnungspunkt schließt sich daran die allgemeine Abschlussphase der Besprechung an. Dabei geht es darum, die Besprechung inhaltlich abzuschließen – aber auch, wieder auf der sozialen Ebene einen Abschluss zu schaffen. Hierfür eine Checkliste:

- **Verlesen der To-do-Liste: Was wurde vereinbart?**
- **Nach Möglichkeit Verlesen des Protokolls**: In vielen Besprechungen ist es üblich, anschließend ein ausführliches Protokoll zu verfassen. Das ist aber ein aufwändiger, aber letztlich wenig effizienter Prozess: Ein Teilnehmer sitzt möglicherweise stundenlang am Verfassen des Protokolls (er könnte in dieser Zeit Wichtigeres tun), und in der nächsten Sitzung schließt sich daran eine lange Diskussion an, wer was wie missverstanden hat. Wenn möglich ist es hilfreich, das Protokoll simultan (direkt auf PC) zu erstellen. Dabei sind nur die wichtigsten Punkte aufzuführen:
  - Zeit und Ort der Besprechung
  - Liste der Teilnehmer
  - zu den einzelnen Tagesordnungspunkten jeweils die Ergebnisse, ggf. auch Anregungen ohne Wertung,
  - die To-do-Liste

  Das Protokoll kann dann anschließend mit Hilfe des Beamers direkt verlesen werden. Das spart Zeit und gibt jedem Teilnehmer die Möglichkeit, mögliche Korrekturen einzubringen.
- **Vereinbarung des nächsten Termins, Einladung eventueller Gäste**
- **Dank an die Teilnehmer und Verabschiedung**

Besprechungen finden in zahlreichen Organisationen zu häufig statt und dauern zu lange. Besprechung ist kein Wertschöpfungsprozess, wie man betriebswirtschaftlich formulieren kann, sondern immer nur ein Unterstützungsprozess. Besprechungen sollten in der Regel auch nicht länger als zwei Stunden dauern – dann lässt ohnehin die Konzentration nach und die Effizienz sinkt.

II. Als Moderator eigene Argumente einbringen?

In vielen Fällen ist der Moderator zugleich der Vorgesetzte oder jemand, der auch inhaltlich Position beziehen will. Das ist keineswegs eine leichte Situation: Die Aufgabe des Moderators ist es, neutral zu sein und alle Argumente gleichermaßen zu berücksichtigen. Die Aufgabe des Vorgesetzten oder sonst Betroffenen ist hingegen, Position zu beziehen. Wie lässt sich dieses Dilemma auflösen?

Hier müssen Sie klar zwischen den beiden Rollen unterscheiden, die Sie in dieser Situation haben. Daraus ergibt sich folgende Differenzierung:

- Als Moderator steuern Sie den Prozess: Das bedeutet, dass Sie sich hier neutral verhalten und ihre Argumente zurückhalten müssen.
- Als Betroffener dürfen Sie Position beziehen.

Wichtig ist, dass Sie den Wechsel eindeutig markieren: „Ich möchte an dieser Stelle meine Argumente einbringen“. Dann werden diese Argumente genauso gewürdigt wie die Argumente eines jeden anderen Teilnehmers. Sie werden aufgeschrieben, aber (in der Regel) nicht diskutiert. Sie können dann auch Ihre Argumente nicht verteidigen, denn anschließend sind Sie wieder Moderator. Entscheidend ist, dass Sie sich innerlich über die Rollen (und den jeweiligen Wechsel) klar sind.

Kapitel 7: Vermittlung von Beratungskompetenz

I. Grundlagen

Vermittlung von Beratungskompetenz wird zunehmend Thema des Hochschulunterrichts. In allen Bereichen der juristischen Praxis sowie für die Arbeit als Betriebswirt, Informatiker oder Ingenieur ist die Beratung elementarer Bestandteil des Tagesgeschäfts. Die Konsequenz davon ist, dass Prüfungs- und Studienordnungen zunehmend die Vermittlung von Beratungskompetenz als Inhalt des Hochschulunterrichts aufnehmen.

Doch wie lässt sich Beratungskompetenz überhaupt vermitteln?

Versteht man Kompetenz allgemein als „Fähigkeit, Situationen erfolgreich zu bewältigen", dann bedeutet Beratungskompetenz die Fähigkeit, Beratungssituationen erfolgreich zu bewältigen. Hierbei lassen sich verschiedene Dimensionen von Beratungskompetenz unterscheiden:

- Beratung erfordert zunächst **Fachkompetenz** zu dem jeweiligen Themenbereich. Beratung in der juristischen Praxis erfordert juristische Fachkompetenz, betriebswirtschaftliche Beratung erfordert betriebswirtschaftliche Kenntnisse.
- Beratung erfordert darüber hinaus eine **eigene Beratungskompetenz**: z.B. zu wissen, was Beratung überhaupt bedeutet, was Schritte des Problemlösungsprozesses und damit auch des Beratungsprozesses sind.
- Beratungskompetenz erfordert in hohem Maße Methodenkompetenz, verstanden als die Fähigkeit, bestimmte Beratungsmethoden anwenden zu können: z.B. Kontakt zu einem Gesprächspartner herstellen zu können, das Ziel eines Beratungsprozesses eindeutig definieren zu können, die einzelnen Phasen unterscheiden oder verdeckte Informationen erfragen zu können.
- Beratungskompetenz erfordert aber schließlich auch eine bestimmte Einstellung: Die Bereitschaft, die „Autonomie des Mandanten" zu achten, d.h. ihn dabei zu unterstützen, selbst eine Entscheidung zu treffen, ohne ihm die Entscheidung abzunehmen.

Diese unterschiedlichen Dimensionen von Beratungskompetenz machen die besonderen Schwierigkeiten bei der Vermittlung von Beratungskompetenz im Rahmen der Hochschule deutlich. Es reicht offenbar nicht aus, ein bestimmtes Fachwissen etwa im Rahmen einer Vorlesung zu vermitteln. Es sind darüber hinaus bestimmte Methoden einzuüben, und es ist auch eine Grundeinstellung zu entwickeln. Daraus ergeben sich Konsequenzen für die Vermittlung von Beratungskompetenz:

- Fachwissen zum Thema Beratung lässt sich ohne Schwierigkeiten im Rahmen der Lehre vermitteln, sei es, dass andere Veranstaltungen diese Themen bereits aufgreifen, beispielsweise als Input-Phase im Rahmen eines eigenen Seminars „Beratungskompetenz".
- Die Vermittlung von Methodenkompetenz erfordert praktische Übungsphasen. Das können Übungsphasen im Rahmen eines eigenen Seminars sein oder Übungsphasen in anderen Veranstaltungen. So lässt sich die Vermittlung komplexer Sachverhalte bei Referaten von Studierenden zu anderen Themen einüben oder in Rollenspielen zum Thema Beratung.
- Die Veränderung von Einstellungen ist nur in sehr geringem Umfang auf einer theoretischen Ebene und auch nicht allein durch ein Methodentraining möglich. Einstellungen prägen und verändern sich in realen Situationen. Das bedeutet, dass Vermittlung von Beratungskompetenz immer auch im wohlverstandenen Sinne „Selbsterfahrung" ist: Sei es die Erfahrung des Vorbilds eines Dozenten, die Erfahrung als Klient, in einer realen Situation beraten zu werden oder die Erfahrung als Tutor andere Studierende zu beraten.

Vermittlung von Beratungskompetenz muss letztlich diese verschiedenen Ansätze verbinden.

II. Grundlagenseminar „Vermittlung von Beratungskompetenz"

1. Grundsätze

Sicher lassen sich Teile von Beratungskompetenz in anderen Veranstaltungen vermitteln. Erfahrungsgemäß reicht das allein jedoch nicht aus. Von daher ist ein Grundlagenseminar „Vermittlung von Beratungskompetenz" wichtig. Dieses Grundlagenseminar verfolgt vier Ziele. Das Grundlagenseminar soll zentrales Wissen über Beratung vermitteln, Methodenkompetenz lehren und zugleich unterstützend bei der Klärung und Veränderung der Einstellung wirken.

Aus diesen Zielsetzungen ergeben sich bestimmte Konsequenzen für das methodische Vorgehen:

- Für die Vermittlung zentraler Inhalte (z.B. Aufbau des Beratungsgesprächs) eignen sich kurze Input-Phasen, ggf. ergänzt durch Checklisten.
- Die Vermittlung von Methodenkompetenz erfordert Übung durch (simulierte) Beratungsgespräche insgesamt bzw. einzelner Phasen. Dabei ist insbesondere ein Hauptaugenmerk auf die beschriebene Fragentechnik zu legen. In einem Beratungsgespräch mit mehreren Mandanten muss die Kommunikation aktiv gesteuert werden.

- Unterstützung bei der Klärung und Veränderung der eigenen Einstellung bedeutet, so weit als möglich an realen Themen zu arbeiten um reale Erfahrungen zu ermöglichen.

Konsequenz davon ist, so weit als möglich keine „Rollenspiele“ zu verwenden, sondern reale Problemsituationen der Teilnehmerinnen und Teilnehmer zu bearbeiten. Wenn in einem Rollenspiel die Beratung von Susi Sausewind geübt wird, hat das Ganze grundsätzlich einen künstlichen Charakter – abgesehen davon, dass der „Spieler“ von Susi Sausewand dann leicht in Gefahr ist, die Situation zu überzeichnen. Statt dessen versuchen wir grundsätzlich, in den Übungsphasen mit realen Problemsituationen der Teilnehmer zu arbeiten: Wenn ein Teilnehmer einen anderen zu einem realen Thema berät (sei es nun juristisch relevant oder ein sonstiges Alltagsproblem) erlebt er „real“, welche Auswirkungen z.B. zu einseitige Expertenberatung auf den anderen hat, was zu Widerstand führen kann oder was als besonders hilfreich erlebt wird.

- Schließlich hat es sich bewährt, zur Umsetzung des Gelernten im Alltag bestimmte Aufgaben zu geben.

So kann ein Teilnehmer z.B. gezieltes Nachfragen auch im Alltag üben. Kleine Beratungssequenzen lassen sich im Rahmen der Beratung anderer Studierender durchführen oder es ist in einer Gruppendiskussion die Kommunikation zwischen verschiedenen Teilnehmern zu steuern.

2. Verlaufsplan

Der im Folgenden dargestellte Verlaufsplan folgt in den Grundzügen einem an der Universität Saarbrücken durchgeführten Pilotseminar mit der Bezeichnung „Die Beratungssituation als Thema des Hochschulunterrichts“. In ähnlicher Form wurde es auch für andere Zielgruppen (Betriebswirte, Techniker usw.) im Rahmen der Aus- und Fortbildung mehrmals erprobt. Für die Durchführung hat sich die Form einer Kompaktveranstaltung (Umfang 2 ½ bis 3 Tage) bewährt.

Für die Umsetzung ist zu beachten, dass sich die Anordnung der einzelnen Themenblöcke dieses Seminars je nach der besonderen Situation der Teilnehmer und der zur Verfügung stehenden Zeit verändern kann. Die Zeitangaben sind lediglich ungefähre Erfahrungswerte. Pausen wurden in dem folgenden Verlaufsplan nicht berücksichtigt.

Zeit	Inhalt, Vorgehen	Arbeitsformen, Materialien	Kommentare, Alternativen
60 Min.	Einführung: – Begrüßung, Vorstellen der Teilnehmer	Plenum	Alternativen: – Als Einstieg frei assoziieren lassen: „Was verbinden Sie mit Beratung?“

	– Vorstellen der Ziele und des groben Ablaufs des Seminars – Abklären von Ergänzungen, besonderen Schwerpunkten entsprechend den Erwartungen der Teilnehmer		– Ggf. erst die Erwartungen der Teilnehmer abklären
60 Min.	Merkmale „guter“ und „schlechter“ Beratung: Erinnern Sie sich an eine Situation, in der Sie gute Beratung erfahren haben, und an eine, in der Sie schlecht beraten wurden? Was sind die Merkmale guter bzw. schlechter Beratung?	Gruppenarbeit Ergebnisse auf 1 Seite Flipchart Austausch im Plenum	
30 Min.	Zusammenfassung und Vertiefung: Merkmale von Beratung	Plenum	
30 Min.	Phasen des Beratungsgesprächs im Überblick	Input Plenum	
45 Min.	Demonstration Beratungsgespräch	Plenum	Demonstration kann hilfreich sein, um den Teilnehmern einen Eindruck von einem Beratungsgespräch zu vermitteln
30 Min.	Orientierungsphase: Kontaktaufbau im Beratungsgespräch: – Die Hälfte der Gruppe wird aus dem Raum geschickt – Mit den übrigen wird vereinbart, in der folgenden	Gruppenübung	

	Gesprächssituation zunächst guten Kontakt herzustellen, dann (nach Hinweis des Leiters, dass noch 5 Minuten Zeit sind) schlechten Kontakt herzustellen – In Zweiergruppen unterhalten sich die Teilnehmer über beliebiges Thema, wobei das Gespräch erst durch guten, dann durch schlechten Kontakt geprägt ist – Austausch in der Zweiergruppe		
30 Min.	Merkmale und Auswirkungen guten und schlechten Kontakts	Plenum, Visualisierung auf Flipchart	
30 Min.	Input: Orientierungsphase im Beratungsgespräch	Plenum	
75 Min. (3x 25 Min.)	Übungsphase 1: Die Orientierungsphase Berater führt die Orientierungsphase zu einem realen Thema eines anderen Teilnehmers durch. Zu beachten sind: – Orientierung auf der Beziehungsebene – Kurze Schilderung der Problemsituation durch den Klienten – Festlegung des Ziels, schriftliche Visualisierung	3er Gruppen: Berater Klient Beobachter	Es hat sich bewährt, einzelne Phasen für sich zu üben. Die Alternative ist, das Beratungsgespräch sofort im Ganzen oder in größeren Abschnitten zu üben. Alternativen: Zur Ergänzung lassen sich ggf. zusätzlich kleinere Übungen einfügen, z.B.

	Anschließend Austausch in der 3er Gruppe, wobei der Beobachter die Moderation übernimmt Nach jeder Übungsphase Austausch im Plenum, ggf. ergänzende Hinweise		– Die richtige Sitzposition wählen – Sich in der Körperhaltung auf den anderen einstellen
30 Min.	Input Klärungsphase		Ggf. lassen sich hier kleinere Übungen einfügen, z.B. Üben von geeigneten Fragen zu einzelnen Äußerungen
90 Min.	Übungsphase 2: Klärungsphase	3er Gruppe, Klient arbeitet an seinem Thema weiter	
90 Min.	Input und Übungsphase 3: Lösungs- und Abschlussphase		Diese beiden Phasen lassen sich gut kombinieren. Sinnvoll wäre, dass jeder Teilnehmer jede Rolle ausprobiert, d.h. einmal Berater, einmal Klient, einmal Beobachter ist. Wie weit das durchführbar ist, hängt von der zur Verfügung stehenden Zeit ab
2-4 Std.	Vermittlung komplexer Sachverhalte – Input – Individuelle Vorbereitung – Präsentation – Rückmeldung durch die anderen Teilnehmer: Was war gut, was habe ich an Anregungen?		Nur bei viel Zeit ist es möglich, dass alle Teilnehmer ihre Präsentation durchführen. Ansonsten einige Teilnehmer auswählen Alternative: Gruppe teilen

Ca. 90 Min.	Transfer Wo und wie kann ich das Gelernte anwenden?	Vorbereitung in 2er Gruppen Präsentation im Plenum	Diese Phase lässt sich ggf. auch als zusätzliches kleineres Beratungsgespräch durchführen
60 Min.	Vereinbarung konkreter weiterer Schritte Ggf. Vereinbarung von realen Anwendungsmöglichkeiten Abschluss		Die Vereinbarung konkreter Übungsmöglichkeiten, z.B. im Rahmen von Tutorien, stellt eine sinnvolle Ergänzung dar.

Zur Sicherung des Gelernten kann die Weiterführung in einem zweiten Block (Umfang 1 ½ bis 2 Tage) sinnvoll sein. Schwerpunkte dieses zweiten Seminarblocks könnten sein:

- Austausch von Erfahrungen: Was konnte ich anwenden, wo gab es Schwierigkeiten?
- Zusätzliche Übungsmöglichkeiten (ggf. je nach individuellen Bedürfnissen).
- Beratung mit mehreren Mandanten (Input, Übung in Rollenspielen).
- Übertragung auf andere Situationen (z.B. Studienberatung).

Kapitel 8: Übersichten und Arbeitsmaterialien

I. Schnellübersicht: Beratungsbegriff

Definition: Beratung ist Unterstützung des Klienten bei der Lösung von Problemen, ohne dass der Berater dem Klienten die Entscheidung abnimmt.

Merkmale der Beratungssituation:

- Der Klient hat ein Problem - nicht der Berater.
- Beratung als Unterstützung von Problemen kann fachliche Expertenberatung oder „personale Beratung" sein.
- Beratung darf dem Klienten die Entscheidung nicht abnehmen.
- Beratung erfordert professionelle Distanz.

Expertenberatung und personale Beratung:

- Expertenberatung: Ein Experte gibt auf der Basis seines Fachwissens oder seiner Erfahrung Hinweise oder Anregungen bzw. Lösungsvorschläge.
- Personale Beratung: Der Klient wird dabei unterstützt, selbst neue Einsichten und Lösungsmöglichkeiten zu finden.

II. Schnellübersicht: Wie führe ich ein Beratungsgespräch?

1. Orientierungsphase

Ziel:

- Kontakt zum Mandanten aufbauen
- Ziel des Beratungsgesprächs festlegen

a. Vorbereitung auf den Beratungsprozess

- Äußeres Umfeld vorbereiten: Raum vorbereiten, Störungen vermeiden usw.
- Sich selbst auf Beratung einstellen: „Beratung heißt, den Mandanten zu unterstützen, seine eigene Lösung zu finden".
- Ggf. Unterlagen durcharbeiten.

b. Kontakt zum Mandanten aufbauen

- Passenden Sitzplatz wählen.
- Die eigene Sitzposition in Bezug auf den Mandanten austarieren.
- Sich in der Körperhaltung auf den anderen einstellen.
- Durch „Smalltalk" das Eis brechen.

c. Orientierung auf der Inhaltsebene

- Was ist Thema des heutigen Beratungsgesprächs?
- Was ist Ziel der Beratung? Genau nachfragen: „Was möchten Sie nach Abschluss der Beratung als Ergebnis haben?"
- Ggf. als Experte Ziel (Teilziel der heutigen Sitzung) vorschlagen.
- Rahmenbedingungen abklären (Zeitrahmen).

d. Kontrakte zwischen Berater und Mandant

- Kontrakt über Thema und Ziel.
- Kontrakt über Zeitrahmen.

2. Klärungsphase

Ziel: Die Ist-Situation klären

a. Personale Beratung in der Klärungsphase: die Darstellung der Situation durch den Mandanten

Aufgabe des Beraters: zuhören, Interesse zeigen, ggf. Mandanten wieder zum Thema führen.

Möglichkeiten zur Klärung des Kernproblems:

(1) Den Mandanten die Situation frei erzählen lassen

(2) Fokussieren einer konkreten Situation

„Können sie eine ganz konkrete Situation schildern?“

(3) Klärung verdeckter Erfahrungen

Beispiel: „Die Beziehung hat sich allmählich verschlechtert“

- *„Zu wem hat sich die Beziehung verschlechtert?“*
- *„Was genau hat sich verschlechtert?“*
- *„Was hat dazu geführt, dass sich die Beziehung verschlechtert hat?“*
- *„’Allmählich’ heißt was?“*

Hinweis: Keine „Warum-Fragen“.

(4) Paraphrasieren und Strukturieren

(5) Widerspiegeln von Gefühlen

„Es belastet Sie, dass sich die Beziehung verschlechtert hat.“

b. Klärung der rechtlichen Rahmenbedingungen

c. Als Berater die eigene Sichtweise einbringen

3. Lösungsphase

Ziel: mit dem Mandanten Lösungen finden

a. Klärung der Ziele des Mandanten

b. Sammlung von Lösungsmöglichkeiten

(1) Durch Expertenberatung:

Als Experte Lösungen vorschlagen.

(2) Durch personale Beratung:

Hat der Mandant noch weitere Ideen?

c. Bewertung von Alternativen

- Expertenberatung: Chancen und Risiken der Möglichkeiten nennen.
- Personale Beratung: Können sie damit etwas anfangen?

4. Abschlussphase

a. Formulierung der Ergebnisse

b. Entwicklung des Maßnahmenplans

Als Experte bestimmte Maßnahmen vorschlagen.

Den Mandanten nach weiteren Maßnahmen fragen (personale Beratung)

III. Checkliste zur Bearbeitung eines kündigungsschutzrechtlichen Mandats

1. Daten des gekündigten Arbeitnehmers

- Wie lauten Name, Vorname, Anschrift, Telefonnummer etc. des Mandanten?
- Geburtsdatum, Einstellungsdatum?
- Familienstand, Unterhaltspflichten?
- Art der Tätigkeit und Status (leitender Angestellter)?
- Ist der Mandant Mitglied der Gewerkschaft? Gilt ein Tarifvertrag?
- Verdienst?

2. Arbeitgeberdaten

- Name/Firmierung?
- Anschrift/Sitz?
- Größe von Unternehmen und Betrieb?
- Verbandszugehörigkeit?

3. Sachverhaltsaufklärung

a. Überprüfung der Formalien der Kündigung

- Von wem wurde die Kündigung ausgesprochen?
- Bestehen Zweifel an der Vertretungsmacht des Kündigenden?
- War der Kündigung eine Originalvollmacht beigefügt?
- Wurde die Kündigung schriftlich ausgesprochen (§ 623 BGB)?

b. Zugang der Kündigung(en?) und Klagefrist

- Gibt es weitere Kündigungen?
- Wann läuft die Klagefrist ab (Zugang)?

c. Anwendbarkeit des KSchG (§§ 1, 23 KSchG)

- Besteht das Arbeitsverhältnis seit mehr als sechs Monaten?
- Betriebsgröße?

d. Kündigungsart

- Handelt es sich um eine ordentliche oder eine außerordentliche Kündigung?

- Beendigungskündigung oder Änderungskündigung?

e. Kündigungsgründe

- personenbedingt oder
- verhaltensbedingt (wurde abgemahnt?)
- betriebsbedingt (Beachtung Sozialauswahl)?

f. Beteiligung des Betriebsrats

- Betriebsratsanhörung gem. § 102 BetrVG

g. Kündigungshindernisse (Ausschluss / zustimmungsbedürftig?)

- Nach MuSchG?
- Nach SGB IX (Schwerbehinderung)?
- Nach KSchG?

h. Kündigungsfrist

- Wurde die Kündigungsfrist beachtet?

i. Prozessziele

- Welche Prozessziele verfolgt der Mandant?
- Risiken dieser Ziele?

j. Ausschlussfristen

- Bestehen noch offene Ansprüche (Lohn, Urlaub)?

4. Belehrung über Kosten

IV. Prüfungsschema einer ordentlichen Kündigung

1. Ordnungsgemäße Kündigungserklärung
    - Form (§ 623 BGB)
    - Vollmacht
    - Bedingung
    - Zugang

2. Ausschluss der ordentlichen Kündigung
    - Tarifvertrag, Betriebsvereinbarung, Individualvereinbarung
    - Befristung (§ 15 Abs. 3 TzBfG)
    - Sonderkündigungsschutz (z.B. § 15 KSchG - Betriebsratsmitglied, Wahlausschussmitglied; § 22 Abs. 2 BBiG Auszubildende etc.)

3. Zustimmungsbedürftigkeit
    - § 17 Abs. 2 MuSchG (für Schwangere)
    - § 168 SGB IX (für Schwerbehinderte)
    - § 5 Abs. 2 PflegeZG (Pflege von Angehörigen)
    - § 18 BEEG (Elternzeit)

4. Anhörungsbedürftigkeit des Betriebsrats, § 102 Abs. 1 BetrVG

5. Anzeigebedürftigkeit: bei Massenentlassungen im Sinne von § 17 Abs. 1 KSchG

6. Einhalten der Klagefrist gem. § 4 S. 1 KSchG

7. Anwendbarkeit des KSchG gemäß §§ 1 Abs. 1, 23 I KSchG

8. Soziale Rechtfertigung, § 1 Abs. 1, Abs. 2 KSchG
    a. dringende betriebliche Erfordernisse oder
    b. Gründe in der Person des Arbeitnehmers oder
    c. Gründe im Verhalten des Arbeitnehmers
    (siehe je nach Situation das passende nachfolgende Prüfungsschema)

9. Einhalten der Kündigungsfrist, § 622 BGB

V. Prüfungsschema einer außerordentlichen Kündigung

1. Ordnungsgemäße Kündigungserklärung

- Form (§ 623 BGB)
- Vollmacht
- Bedingung
- Zugang

2. Zustimmungsbedürftigkeit der Kündigung

- § 17 Abs. 2 MuSchG (für Schwangere)
- § 168 SGB IX (für Schwerbehinderte)
- § 5 Abs. 2 PflegeZG (Pflege von Angehörigen)
- § 18 BEEG (Elternzeit)
- § 103 BetrVG

3. Anhörung des Betriebsrats nach § 102 Abs. 1 BetrVG

4. Einhalten der Klagefrist gemäß §§ 13 Abs. 1 S. 2, 4 S. 1 KSchG

5. Vorliegen eines wichtigen Grundes nach § 626 Abs. 1 BGB

a) Kündigungserklärungsfrist eingehalten nach § 626 Abs. 2 BGB?

b) Zweistufige Prüfung

1. Stufe: Vorliegen eines wichtigen Grundes

Es muss ein bestimmter Sachverhalt vorliegen, der ohne Berücksichtigung der besonderen Umstände des Einzelfalls an sich geeignet ist, einen wichtigen Grund darzustellen.

2. Stufe: Interessenabwägung und Ultima-Ratio-Prinzip

Ist bei Berücksichtigung der konkreten Umstände des Einzelfalls und der Abwägung der Interessen der beiden Vertragsteile die konkrete Kündigung gerechtfertigt und somit verhältnismäßig?

6. Umdeutung gemäß § 140 BGB

VI. Prüfungsschema zur personenbedingten Kündigung

(Prüfung im Rahmen der sozialen Rechtfertigung (§ 1 Abs. 1 KSchG))

1. negative (Gesundheits-) Prognose
2. Beeinträchtigung betrieblicher Interessen
3. keine vorrangig milderen Mittel
4. Interessenabwägung

VII. Prüfungsschema zur verhaltensbedingten Kündigung

(Prüfung im Rahmen der sozialen Rechtfertigung (§ 1 Abs. 1 KSchG))

1. Vertragsverletzung
2. Abmahnung
3. negative Prognose
4. keine vorrangig milderen Mittel
5. Interessenabwägung

VIII. Prüfungsschema zur betriebsbedingten Kündigung

(Prüfung im Rahmen der sozialen Rechtfertigung (§ 1 Abs. 1 KSchG))

1. außer- oder innerbetriebliche Ursachen

2. Vorliegen einer unternehmerischen Entscheidung

3. kausaler Wegfall des Arbeitsplatzes

4. keine vorrangig milderen Mittel

5. ordnungsgemäße Sozialauswahl, § 1 Abs. 3 KSchG

Literaturhinweise

Bachmair, S. u.a.: Beraten will gelernt sein. Weinheim, 1989

Dulabaum, N. L.: Mediation - das ABC. Weinheim/Basel (5. Aufl.) 2009

Duncker, K.: Zur Psychologie des produktiven Denkens. Berlin 1935

Fisher, R. / Ury, W. / Patton, B.: Das Harvard-Konzept. Frankfurt (24. Aufl.) 2013

Glasl, F.: Konfliktmanagement. Bern (12. Aufl.) 2020

Gordon, T.: Managerkonferenz. Hamburg (15. Aufl.) 1997

Kerth, K. / Asum, H. / Stich, V.: Die besten Strategietools in der Praxis. München (5. Aufl.) 2011

König, E. / Volmer, G. / König, M.: Mini-Handbuch Systemisches Coaching. Weinheim 2020

König, E. / Volmer, G.: Einführung in das systemische Denken und Handeln. Weinheim (2. Aufl.) 2020

Lewin, K. . Die psychologische Situation bei Lohn und Strafe. Leipzig 1931

Rosenberg, M. B. / Holler, I.: Gewaltfreie Kommunikation. Paderborn (12. Aufl.) 2016

Shazer, S. de / Dolan, Y.: Mehr als ein Wunder. Heidelberg 2008

Watzlawick, P.: Anleitung zum Unglücklichsein. München 1983